이론서에는 없는 알짜 공직 경험!

공무원 역량 파워 업그레이드

박태갑 지음

청어

이론서에는 없는 알짜 공직 경험!
공무원 역량 파워 업그레이드

박태갑 지음

발행처·도서출판 **청어**
발행인·이영철
영 업·이동호
홍 보·최윤영
기 획·천성래 | 이용희
편 집·방세화 | 이서윤
디자인·김바라 | 서경아
제작부장·공병한
인 쇄·두리터

등 록·1999년 5월 3일
(제321-3210000251001999000063호)

1판 1쇄 인쇄·2015년 7월 20일
1판 1쇄 발행·2015년 7월 30일

주소·서울특별시 서초구 효령로55길 45-8
대표전화·586-0477
팩시밀리·586-0478

홈페이지·www.chungeobook.com
E-mail·ppi20@hanmail.net
ISBN·979-11-86484-23-4 (13350)

이 책의 저작권은 저자와 도서출판 청어에 있습니다.
무단 전재 및 복제를 금합니다.

이 도서의 국립중앙도서관 출판시도서목록(CIP)은 서지정보유통지원시스템 홈페이지
(http://seoji.nl.go.kr)와 국가자료공동목록시스템(http://www.nl.go.kr/kolisnet)에서
이용하실 수 있습니다.(CIP제어번호: CIP2015016559)

서문

공무원은 누구나 임용과 동시에 현실적인 고민을 하게 된다.

어떻게 하면 공무원으로 성공할 수 있을까?

여기에 선배들은 말한다. 신규공무원 시절엔 공직에 알맞은 인성을 기르는 게 중요하고 중견공무원이 되면 넓은 마인드가 있어야 한다고. 하지만 어떻게 인성을 기르고 넓은 마인드를 갖추는지는 가르쳐주지 않는다. 학교와 시험과목 공부도 실무엔 그다지 큰 도움이 되지 못한다는 말은 공공연한 이야기가 되었다.

공무원은 채용시험에 합격하면 신규임용교육을 받고, 중견공무원은 정기적인 보수교육을 받는다. 이때 받는 행정법, 행정학, 지역사회개발론 등 각종 강의와 이론서는 머리가 지끈거려 교육원을 나오면서 모두 반납하고 온다는 우스갯소리도 있는 것을 보면 그 실무적 효용을 짐작할 만하다.

그래서 딱딱한 이론 강의 대신 특강도 많이 생겨나지만 대체로 공직현실에 맞지 않고 재미를 좇는 자극적 강의는 진지함과 감동이 부족하다는 소리도 나온다.

왜 공무원 직무교육은 대체로 이론서 중심이고 현학적일까? 어째서 깊고 넓은 경험세대의 교훈이 오롯이 묻어나는 교재는 없는 것일까? 복잡한 이론서 대신 일상적인 업무에 실제 도움이 될 만한 것들을 간추려 편하게 볼 수 있는 교재가 있다면 얼마나 좋을까? 이를테면 기초 공무원학(公務員學) 같은 것 말이다.

나는 이런 의문을 바탕으로 나 자신의 공직 경험과 생각을 진솔하게 적었다. 참고문헌은 전혀 활용하지 않았다. 짬짬이 컴퓨터 앞에 앉아 단순히 기억에 의존해 평소 생각을 한 자 한 자 적었다. 그만큼 하나하나가 절실했던 경험들이다.

따라서 어쩌면 지방행정의 기초가 되는 기획과 각종 행사, 지역개발, 프레젠테이션은 물론, 지방자치제 이후 더욱 중요시되고 있는 문화관광콘텐츠와 미래전략사업 등에 대해, 어떤 마인드를 가지고 계획하고 추진하면 좋은지에 대한 기본적인 단초를 이 책에서 찾을 수 있을 것이다.

또한, 누가 뭐라 해도 공무원은 국가와 사회의 중심이고 공직 성공의 진정한 의미는 맡은 바 업무에 대한 보람과 개인적인 성취도의 만족감에서부터 시작되기에 지역사회를 위한 의지와 열정으로 공직가치와 꿈을 키워 나가기를 바라고 오랜 공직생활에 혹여 있을 유혹에 빠지지 않도록 수회에 걸친 나의 공직생활 사건들도 솔직히 곁들여 보았다.

아무쪼록 독자들께서는 이 책을 통해 지방행정의 공통적인 분야들에 대한 내공을 쌓아 자신감 속에 보람과 만족을 높여 성공적인 공직생활로 나아가는 데 다소나마 도움이 되기를 바란다.

박태갑

» 2013 산청세계전통의약엑스포 전시관 관람(진영 보건복지부 장관, 홍준표 경남도지사 등)

» 엑스포 현황 설명(정홍원 국무총리 일행 방문)

» 엑스포 현장 귀감석 한방 기체험(정홍원 국무총리 일행)

» 엑스포 체험관 동의전 앞 기념촬영
(정홍원 국무총리, 이재근 산청군수, 신성범 국회의원, 최구식 집행위원장, 허기도 도의원 등)

» 한방 숲 치유체험

» 2013 산청세계전통의약엑스포장 입장 대기 인파

» 5300년 전 전통의약 시술(미라 외찌)

» 중국 북경 동인당

» 태국 전통 마사지

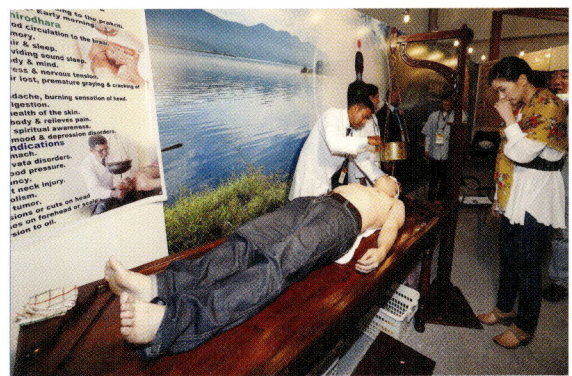

» 인도 아유르베다 체험

» 공연장을 가득 메운 인파

» 엄청난 규모의 주차장을 꽉 채운 차량들

» 해외참가국의 전통의약 관계자들

차례

• 서문. 4

제1장 나의 정체성 살리기

나를 알리는 첫 단추, 소통하기. 18
　- 인사는 나의 첫 번째 명함. 21
　- 차 한 잔이 관계를 만든다. 23
　- 웃는 얼굴로 부드러운 캐릭터를. 26
　- 비대면결재, 소통 부족을 보완하는 센스. . . . 27
새내기 시절, 너의 자질을 보여 줘. 30
　- 초기 5년이 평생을 좌우한다. 30
　- 다섯 가지 유형, 나는 어디에 속하나. 31
　- 부정적, 소극적 자세는 평생의 꼬리표. 34
　- 멘토는 가까이에 있다. 36
　- 친화력, 아부의 경계를 넘지 않기. 38
　- 말과 행동에 믿음주기. 40

제2장 능력 있는 공무원 되기

5년 이후, 나의 능력이 빛난다 44
  - 주저하지 마라, 한계가 보인다 45
  - 핵심 분야, 젊을 때 익혀라. 46
  - 새로운 것에 반응하라. 49
  - 내공은 절로 쌓이지 않는다 51
사회능력을 키워라 54
  - 담력을 키워라 55
  - 큰 행사의 앞자리에 익숙해지기 57
  - 연단에 나가 보기. 57
  - 시나리오에 익숙해지기 59
  - 미리 발음해 보기. 62
  - 나만 모르는 습관과 버릇을 고쳐라 63

제3장 어디나 따라다니는 행사와 의전

프레젠테이션 잘하기 66
  – 자료작성은 내 것이 될 수 있게 67
    • 설명 자료를 직접 만들어라. 67
    • 남이 만들어 준 자료라면 완전히 파악해라. 69
    • 핵심위주로 작성하라 73
  – 발표는 편하고 간략하게 75
    • 너무 잘 하려고 하지 마라, 긴장의 원인이 된다 . . . 75
    • 물을 너무 마시지 마라, 더 큰 갈증을 부른다. . . . 77
    • 기교보다는 내용에 충실하라. 79
    • 지루함을 피하고 차별성을 강조하라. 81
    • 불리함을 감추지 마라, 반전의 기회다 83
  – 태도와 표정의 핵심 87
    • 진정성으로 승부하라 87
    • 시선을 피하라, 시선을 마주쳐라 88
인사말씀 작성과 연설하기 90
  – 기존의 자료를 잘 활용하라. 90
  – 시나리오를 버려라, 임기응변이 안 된다 92
  – 미사여구보다 핵심키워드를 활용하라 93
  – 멋지고 장황한 인사보다 상황에 맞는 인사가 더 좋다 . 95
의전과 행사업무, 일찍 배우는 게 좋다 96

- 의전에 관심을 가져라, 의전은 어디에나 있다 97
- 기본에 충실하라 100
- 절대기본은 없다 101
- 의전서열과 관행을 모두 감안하라. 104
- 열과 횡이 많을 때는 선거직, 임명직 좌석을 분리하라 . 106
- 복잡한 서열, 원탁이나 입 구 자 배열로 해결하라 . . . 107
- 총괄진행책임자가 되어야 한다 108
  1) 외부전문가를 활용은 하되 다 믿지는 마라. 108
  2) 누가 총괄진행책임자가 되어야 하나. 110

제4장 지역을 바꾸는 공무원

공무원이 중심이다 114
비전을 제시하는 공무원이 되라 117
멀리 보는 안목을 키워라 121
현실성 있는 기획을 하라 126
기획은 현장에 있다. 129
기획은 꿈을 구체화하기 위한 것이다 132
경험 있는 직원이 기획에 적극 나서야 한다 141
유관기관과 협력으로 시너지효과를 발휘하라. 144

제5장 지역사회개발 전략의 핵심

컨설팅도 때로는 독이 된다, 독창성이 생명이다 150
방향성과 일관성을 유지하라 155
리얼리티와 디테일로 승부하라 160
콘텐츠를 염두에 둔 하드웨어 구축이 필요하다 167
레이아웃, 운영과 관람편의 기본이다 170
재방문, 스토리텔링이 생명이다 174
지역 정체성과 이미지를 살려라 181
인근 지역 간 상생과 협력으로 시너지 효과를 높여라 . . . 187

제6장 민간회사와 협력사업은 이렇게

금품, 향응은 절대금물, 무조건 피하라 200
시공사를 을로 대하지 마라 204
계약과 동시 갑과 을이 바뀐다 208
시공사에 아이디어를 의존하지 마라 212
공사기간을 믿지 마라, 거의 모두 연장된다 215
설계를 짜게 하지 마라, 변경하면 돈이 더 든다 220
마무리에 신경 써라, 품질의 척도다 223

제7장 중견공무원, 리더로 살아남기

공직에서의 리더십이란 226
잔소리 대신 해결사 리더십을. 229
네트워크를 강화하라 231
편안하고 겸손한 리더십을. 234
남의 말속에 아이디어가 있다. 236
지장, 덕장은 나중에, 우선 용장이 되어라 238
'NO'라고 말할 수 있는 용기와 자신감 241

제8장 자존감과 꿈이 공직역량의 원천

피할 수 없으면 즐겨라. 246
일이 많으면 오해도 많아, 자존감만은 지켜라. 250
　- 산청 한마음공원조성 보상의혹사건 252
　- 전임면장 주택진입도로 지원특혜사건 254
　- 대한민국국새문화원 건립지원사건. 256
　- 엑스포 대행사업 심사위원명단유출사건 260
　- 산청 동의본가 힐링타운 위탁의혹사건 272
주위를 너무 의식하면 소심하고 불행해진다 279
과도한 권위와 시기를 버려야 공직이 행복하다 282
수시로 찾아오는 슬럼프, 자기애와 보람으로 극복하라. . . 286
존경하는 마음을 가져라. 292
꿈이 행복의 원천이다. 295
성공한 공무원이란 298

● 글을 마치며. 303

제1장
나의 정체성 살리기

나를 알리는 첫 단추, 소통하기

요즘은 대통령부터 일선 행정기관에 이르기까지 소통을 강조하는 시대이다. 소통의 뜻을 모르는 사람은 없지만 구체적으로 무엇을 어떻게 하는 것이 소통이며, 나는 소통을 제대로 하고 있는 것인지 의문을 갖기도 한다.

물론 정보를 개방하고 공유하여 상생과 협력을 통한 효율을 높임으로써 새로운 성장 동력을 확보하자는 정부와 정부, 정부와 기업, 정부와 국민 간 상호소통의 큰 과제도 있지만 대부분의 직장인은 우선 직장 내에서 사랑받으며 업무를 잘 배우고 주어진 임무를 완수해 나가기 위한 개인적 소통의 절박함이 더 크게 다가올 것이다.

직장생활에 있어 개인적인 소통의 첫 단계는 무엇보다 유연한 사고와 행동으로 동료들과 잘 어울리며 상호 정보를 원활하게 교류하는 것이고, 더 나아가 어려울 때 자문을 구하고 도움을 청할만한 상사나 든든한 멘토를 찾아내는 일이다.

대부분의 초보 공무원들이 가장 아쉬워하는 이런 기본적인 소통이 이루어지면 더 이상 소통의 문제로 고민할 필요가 없어지고 원만한 인간관계를 바탕으로 직장 내부의 소통을 넘어 민원인과 외부와의 소통에도 자신감을 가지게 되어 안정적이고 효율적인 업무능력을 발휘하게 될 것이다.

그러면 이렇게 상사와 동료들 간에 비교적 원만하게 소통할 수 있는 방법은 무엇일까?

개인적인 성품, 인물, 배경, 연고 등에 따라 소통의 대상과 친밀감에 이르게 되는 속도와 과정이 다를 수 있고, 다양한 소통의 방식이 어려운 용어로 표현되기도 하지만, 예나 지금이나 변하지 않는 소통의 방식 중 기본은 실천의 문제일 뿐 별로 특별하지 않다.

1970년대의 공직생활은 100% 아날로그식 행정이었다. 그나마 기계적 장치의 도움이라고 해 봤자 2벌식, 4벌식 타자기가 거의 전부였다.

사무기기가 거의 없던 시대에 당연히 사무실 내의 등사, 복사, 타자 등의 단순 업무는 신규직원이 맡아 처리하였고, 도보와 자전거 위주의 출장으로 인해 힘든 장거리 현장업무도 대부분 젊은 신규 공무원의 몫이었다.

이 시절 젊은 직원들은 몸으로 부딪히고 뛰는 현장업무를 대부분 잘 수행하였다. 공적으로는 선배나 상사들을 위해 잡다한 사무나 출장업무를 대신 봐 주기도 하고, 사적으로는 커피 심부름 등도 아무런 거리낌 없이 받아들여 가면서 업무를 배우고 익혔다.

지금의 시각으로 보면 비민주적이고 권위적이며 공사구분이 모호할 정도였지만 고참들의 경험과 연륜, 신참들의 젊음과 패기가 나름대로 조화를 이룬 직장문화였다.

1980년대 초 행정기관에 전자복사기와 오토바이가 보급되는 것을 시발점으로 불과 10여 년 만에 필경과 도보로 이루어지던 아날로그식 행정사무가 자취를 감추고 컴퓨터와 자동차가 그 자리를 차지하여 효율과 속도의 시대로 접어들게 되었다.

또한 수기로 작성하여 업무협조자와 상급자의 대면결재를 거쳐 처리되던 각종 문서는 전자결재시스템으로 전환되어 횡적협조자나 상사의 얼굴을 마주 칠 필요가 없는 비대면결재로 이루어지고 있다.

이러한 행정 내부의 업무처리체계와 방식은 소통을 강조하는 현 시대의 구호와는 별개로 과거와 같은 아날로그식 소통마저 축소되게 만들어 신규직원들의 경우 직장 내 동료 및 상하 간 안면부지에서 오는 서먹함과 막연한 불안감이 비교적 장기화 되고 있다.

그렇다면 신규직원들이 비교적 빨리 새로운 직장에 적응하기 위한 발 빠른 소통의 방법은 무엇일까?

이는 주어진 업무의 숙지와 성실함, 일에 대한 긍정적인 모습 등이 비록 중요하지만, 언제나 사무실 단위의 닫힌 공간이나 개인용 컴퓨터만을 상대로 하지 말고 행동의 폭을 넓힐 수 있는 부분에 관심을 가져 보는 것이다.

인사는 나의 첫 번째 명함

많은 직원들이 오고 가는 청사의 사무실 복도는 예로부터 소통의 공간이었다. 카톡, 트위터, 페이스북 등 편리하고 신속한 소통의 매체가 활용되고 있고 어느 순간 또 다른 소통수단이 개발되기도 하지만, 이들 수단이 모든 부분에 있어 언제나 최고의 소통매체가 될 수는 없다.

또한 현대적인 디지털 기법은 소통의 대상이 되는 인간관계를 엄청난 속도로 확장해 나가고 있지만, 얼굴을 보지 못하는 소통매체로서의 정서와 정감의 한계는 여전히 아쉽고 부족한 부분이라 할 것이다.

그러므로 일대일 대면이 직접 이루어지는 사무실이 이런 아쉬움을 덜어 주는 중요한 공간이겠지만 직원 상호 간 다른 사무실이나 복도에서 어쩌다 마주치는 사람은 누구인지 잘 모르는 경우가 많다.

더욱이 신규직원의 입장에서는 처음 보는 사람을 단번에 직장 동료인지 판단할 수 있는 능력이 없으므로, 우선은 무조건 인사를 하는 것이 좋다. 하루에 몇 번을 만나더라도 밝게 인사하고, 인사를 하면서 두 번 세 번 마주치다 보면 서로에 대한 관심을 갖게 될 것이다.

특히 직장 내 선배나 상사들의 경우 잘 모르는 상태에서 건성으로 인사를 받고 지나친 후에라도 '저 친구 누구지?', '저 직원 인사성이 좋은데 누구야? 우리 직원인가? 어느 부서지?' 등 옆의 동료들에게 누구인지를 알아보고 관심을 가지는 계기가 될 것이다.

명찰로 이름 알리기

정례회의나 직장모임 등에 참석하거나 휴게실을 이용하다 보면 모르는 직원들이 많다. 그저 신규직원이 들어왔구나 생각하다가 명찰을 패용한 것을 보게 되면 눈길이 가고 이름에 관심을 갖게 된다.

사실 명찰 패용은 지자체마다 정도의 차이는 있지만 대체로 권장하고 있다. 그러나 기업의 영업사원이나 일선 서비스 분야 종사자처럼 엄격하게 패용을 강제하지 않는 관계로 대체로 공무원 사회의 명찰패용률은 높지 않은 편이다.

그러나 자신이 누구인지를 직장 내 구성원에게 빠르게 알려 나가기 위해 가급적 명찰을 패용하는 것이 좋다. 명찰을 패용한 채로 복도나 사무공간을 서로 왕래하면서 인사를 나누게 되는 것을 시작으로 자신에 대한 긍정적인 관심이 형성되고 동시에 자신의 이름을 알려 나갈 수 있다면, 이는 직장 내 조기 적응에 성공한 것이라고 할 수 있다.

차 한 잔이 관계를 만든다

시대의 변천에 따라 직장 내 차 문화도 다양하게 변모하고 있다. 특히 직원에게 차 심부름을 하게 하는 것은 바람직하지 못하거나 버려야 할 낡은 문화임에 틀림이 없고, 현재는 거의 모든 직장에서 일반 직원에게 차 심부름을 강요하는 사례는 아마 찾아보기 힘들 것이다.

이처럼 언제나 하급자가 잔심부름이나 궂은일을 해야 한다는 비민주적이고 권위적인 시대의 직장문화는 사라지고, 현재는 개인적인 찻잔이나 다구 세트를 갖추고 독특하고 개성 있는 차를 기호에 따라 스스로 타서 마시는 사람도 늘어나는 추세이다.

그러나 아직 대부분의 사무실 내에는 나름대로 공통적인 차 재료와 다구 등을 갖추고 손님 응대와 직원회의 등에 이용하고 있다.

그렇다면 방문객이 올 경우나 수시로 진행되는 회의시간에 누군가 딱히 차 심부름을 할 사람이 없을 때 신규직원이 그러한 상황에 우연히 마주친 경우 어떻게 해야 할까?

　요즘은 부서장도 스스럼없이 차를 직접 타서 고객에게 권하는 경우도 많지만 부서 내에 민주적이고 자율적인 분위기가 형성되어 있다는 전제하에 신규직원 스스로 나서서 차 한 잔 대접해 보는 서비스를 솔선한다면 이로 인해 얻게 되는 긍정적인 효과들이 상당할 것이라고 본다.

　다만, 권위나 직장 내 경직된 분위기가 시키는 무언의 압력이 아닌 자발적인 봉사의 마음에서 즐겁게 임하는 자세가 가장 중요할 것이며 휴일, 시간 외 비상근무 등 소수의 인원이 남아 있을 때 동료들을 위한 차 한 잔의 자발적 서비스는 대개 소통으로 이어져 공식적인 대화는 물론 개인적 친밀감을 높이는 비공식적 대화로까지 진행되는 경우가 많다.

　이러한 소통의 결과는 시간이 흐를수록 자연스럽게 그 사람의 평판에 바람직한 방향으로 작용하게 될 것이다.

　특히 일선 행정기관에 배치되어 민원인들과 접하게 되는 경우에 진심을 담아 차 한 잔 대접하는 효과는 민원인들로 하여금 기대 이상의 친절을 받은 것처럼 느끼게 만든다.

　억울함을 호소하거나 법령상 해결이 어려운 고질민원의 경우에도 차 한 잔의 관계로 부드러워지거나 해소되기도 하고, 이러한 작은 친절 사례가 나비효과처럼 주변에 확산되어 친절한 공무원의 표상이 되기도 한다.

차 한 잔 하실래요?

직원시절에는 부서장이 되면 모든 것이 자유롭고 편할 것이라는 상상을 하게 된다. 그러나 부서장이 되고 나면 심적 부담이 직원시절과 사뭇 다르다.

직원시절에는 선배나 부서장 등 몇 사람의 눈치를 보거나 보고를 거치면 비교적 개인적인 행동이 자유롭지만, 부서장 입장에서는 전체 직원의 마음을 살펴야 하고 말 한 마디, 행동 하나가 사무실 분위기에 영향을 미치기 때문에 언행이 신중해지고 경직되기 쉽다.

이러한 이유 등으로 대부분의 부서원들이 같이 근무하는 낮 시간대에는 부서장이나 상사와 대화할 시간도 없고 공식적인 업무 외의 대화는 어색할 수밖에 없다.

그러나 휴일근무나 시간외 근무 등으로 직장상사나 동료 몇 명이 남은 경우, 내가 아니면 대화할 상대가 없을 경우 대화를 트는 한 마디! '차 한 잔 하시겠습니까?'

차를 마시게 되거나 그렇지 않거나 내 마음을 편하게 내보이고 상대방의 마음을 얻는 가장 손쉬운 방법이다.

___

웃는 얼굴로 부드러운 캐릭터를

요즘 젊은 직장인들의 표정은 대체로 밝은 편이다. 취업에는 어려움을 겪는 세대이지만 대부분 어린 시절부터 큰 고생을 하지 않고 자라서인지 구김살이 없고 긍정적이다.

아쉬운 점이 있다면 '어렵거나 큰일을 스스로 해 보겠다'는 패기 즉, 두려움에 맞서는 용기가 예전만 못하고, 배고프고 척박한 환경에서 자라지 않아 헝그리 정신이 부족하다는 점이다.

그래서인지 힘들고 어려운 일을 당하면 표정의 변화나 나약함이 찡그린 얼굴이나 격한 말투 등으로 드러나는 사람도 있는데, 이는 공직생활에 있어 바람직하지 못하다.

웃는 얼굴, 밝은 표정은 업무에 대한 자신감, 상대방에 대한 배려와 애정, 긍정적인 자세 등에서 비롯되며 이는 직장생활을 오래 계속하면서 자연스럽게 그 사람의 평판이 되고 캐릭터로 자리 잡게 된다.

또한 어두운 얼굴, 소극적인 생각과 행동, 상대방에 대한 과도한 방어본능 등은 자신을 스스로 가두어 외로움을 타게 만들고, 긍정적이고 적극적인 생각을 하며 연륜을 쌓아온 사람은 직장생활과 삶이 즐겁고 나이가 들어도 얼굴표정이 부드럽고 밝다.

가장 맛있는 반찬, 가장 좋은 안주는 사람

식사나 소주 한 잔! 밝고 유머 있는 사람과 함께라면 음식 값에 관계없이 좋은 자리가 되고, 아무리 맛있고 비싼 음식과 술이라도 불편한 자리라면 피하고 싶은 법! 밝은 표정 긍정정인 생각만 갖춰도 항상 부르는 데가 많은 인기 있는 사람이 된다.

비대면결재, 소통 부족을 보완하는 센스

전자결재는 대면결재에 따른 불필요한 이동 및 대기시간 등 행정력 낭비요인을 줄이고, 결재과정에서의 권위주의적 행태를 예방하는 효과 등 효율과 기능면에서 매우 뛰어난 제도로서 이제 전 행정기관에서 거의 완벽하게 자리 잡고 있다.

약간의 아쉬움이 있다면 전자결재시스템의 협조와 결재과정에 참여하는 공직 내부의 동료나 상사들이 대면결재와 비교해 볼 때 얼굴을 마주 볼 필요가 없기 때문에 대화의 축소나 단절이 이루어진다는 것이다.

이는 전자결재 상에 의견을 남기는 것을 꺼리는 경향도 있고, 잘 모르는 사람이 올린 문서에 굳이 마음을 담은 경험적 지식의 전달이나 조언을 해 줄 필요가 없다고 생각하기 때문이다.

이를 극복하기 위해서는 전자결재를 올리기 전에 복잡한 사안의 경우, 바쁜 시간을 잠시 쪼개 이해를 구하기 위한 대면설명의 기회를 갖는 것도 필요하다.

다만 단순반복적인 업무나 통상적인 결재의 경우에도 굳이 대면하여 설명을 하게 되면 전자결재제도의 취지를 흐리게 하고 바쁘지 않은 사람으로 오해 받아 오히려 역효과를 낼 수도 있으므로 주의할 필요가 있겠다.

복잡한 통계, 출력해 보기도 번거롭고

직원들이 올리는 전자결재를 처리하다 보면 간혹 답답할 때가 있다. 대부분의 문서는 커서를 옮겨가며 그 내용을 읽을 수 있지만, 복잡한 통계나 서식은 위를 보면 아래가 안보이고 왼쪽을 보면 오른쪽이 안보여 연관되는 전체 내용을 한눈에 파악하기가 쉽지 않다.

특히 각종 행정 통계보고서식은 대부분 연간계획량, 현재진행정도, 잔여사업량, 종합진도 등을 도표 상에 한꺼번에 표기하여 작성하기 때문에 보고서식의 사이즈가 크고 매우 복잡하다.

따라서 결재자의 입장에서는 복잡한 도표를 한눈에 보고 이해하기가 불편하고, 그렇다고 일일이 출력을 하거나 담당직원을 부르기도 곤란해서, 경험상 중요하지 않은 것으로 판단되면 제목만 보고 무관심하게 결재를 하는 경우가 많다.

이런 일이 반복되면 자신이 애써 올린 보고서나 단위사업계획들에 대한 부서장의 관심이 약해지는 원인이 된다는 점을 감안하여 서식이 너무 큰 복잡한 통계나 중요한 실적 등은 전자결재에 100% 의존하지 말고 요약하여 대면보고 하는 것도 하나의 소통방법이 될 것이다.

새내기 시절 너의 자질을 보여 줘

초기 5년이 평생을 좌우한다

공무원시험에 합격하여 첫 발령을 받으면 먼저 6개월의 시보기간을 거쳐 각기 응시한 직급의 정규공무원으로 임명이 된다.

그중 9급이나 7급 공무원의 경우를 보면 대부분 발령 초기 1년에서 5년 정도의 기간에 이루어지는 한두 번의 직무에서 각자의 인성과, 능력, 발전가능성 등을 평가 받게 된다.

이 경우 매년 2회 정기적으로 근무성적평정 외에 개개인의 인성과 능력을 평가하기 위한 객관적인 시험방식이나 평가관이 따로 존재하지 않으며, 실제로도 누가 누구를 평가하는 구체적인 행위도 없다.

그럼에도 불구하고 대략 5년 정도의 기간을 전후하여 신규직원 개개인의 평판이 입소문을 타고 직장 내에 떠돈다.

이는 소그룹 등의 험담이나 비정상적인 여론조성 등으로 특정인을 자칫 잘못된 평판에 이르게 하는 경우도 간혹 있지만, 대부분의 경우 직장 내 구성원들이 신규공무원의 여러 가지 모습을 가까이서 지켜보고 비교적 이성적으로 판단한 한두 마디의 말들이 모여 형성된 무형의 평판으로서 나름대로 큰 의미를 갖게 한다.

그렇다면 어떻게 행동하는 것이 나의 이미지를 좋게 형성하게 할까? 차근차근 이야기를 풀어 가 보자.

다섯 가지 유형, 나는 어디에 속하나

신규직원은 직장 내 새싹이나 다름없다. 선배나 상사들은 신규에게 많은 것을 요구하거나 기대하지 않는다. 일에 대한 능력을 보기 전에 먼저 사람의 근본을 본다. 일을 배우고자 하는 자세와 열정을 본다.

일을 배워 나가는 속도와 순발력을 보고 기획력의 기본이 되는 사고능력과 문장력을 본다. 이 정도만 보고 나면 보다 세밀한 것은 누구나 가르치고 배우면 된다고 생각한다.

사람의 근본은 무엇으로 보는가? 별로 특별하지 않다. 부지런

함, 긍정적인 자세, 태도와 언행, 동료들과의 친화력 등 평소 누구나 특별히 염두에 두지 않는 말과 행동을 통해 자연스럽게 밖으로 드러난다.

어렵게 시험도 통과하였고 공직에 입문하여 정규직으로 임용되었으니 나 하고 싶은 대로 하면 안 될까? 80~90년대의 공직분위기는 선배들이 형과 부모의 마음으로 후배들을 대하곤 했다. 후배들이 잘못하는 행동에는 벌을 주기도 하고 심하게 꾸짖기도 하면서 사람됨을 강조하고 일을 배워주려고 했다.

지금의 분위기는 과거와 많이 다르다. 사회적인 분위기가 개인주의로 바뀌고 법령과 제도 등 일정한 틀에 의한 시스템적인 경영이 공직 내부에도 예외 없이 확산되어 조직과 인사관리는 물론, 일반사무의 처리과정 전반에서 정서적 유대감이나 선후배로서의 인정을 주고받는 온정주의가 많이 퇴색했다.

그런 이유로 나 하고 싶은 대로 해도 누가 특별히 나무라지도 않고 관심을 가지지도 않는다. 그런데 이게 더 문제다.

공개적으로나 개인적으로 나의 잘못을 지적하거나 고쳐주고 가르쳐주던 예전의 그 선배들은 '멘토'와 '멘티'라는 용어가 사용되기 이전부터 형이고 부모였지만, 지금의 관심 없는 선배동료들은 내가 느끼지 못하게 나를 평가하고 내가 듣지 않는 곳에서 나를 이야기한다.

나는 어떻게 평가받고 어떻게 이야기될까? 거의 누구나 다음의 다섯 가지 중 하나일 것이다.

① 이번에 온 그 친구, 참 인성이 제대로더라. 일도 잘해. 뭐든지 맡겨도 될 것 같아. - 이런 직원은 다음에 인사를 앞두고 서로 자기 부서에 영입하려고 경쟁한다.

② 이번에 온 그 친구 참 인성이 좋더라. 일을 배우려는 자세도 좋고. - 이런 직원은 인성 좋으면 일단 합격, 일이야 가르치면 되지 하며 적극 요구한다.

③ 이번에 온 그 친구 참 인성은 좋더라, 일이 좀 더딘 게 흠이긴 하지만. - 이런 직원은 아쉽지만 일보다 인성을 먼저 보며 자기부서에 발령이 나면 긍정적으로 받아들인다.

④ 이번에 온 그 친구 인성이 별로야, 일은 뭐 그런대로 잘하는 것 같다마는. - 이런 직원은 일은 잘 하지만 인성문제로 부서의 분위기를 해칠까봐 걱정하며 마지못해 받아들인다.

⑤ 이번에 온 그 친구 인성이 별로야, 일도 머 그다지 탐탁지 않고. - 이런 직원은 인사발령이 있기 전에 자기 부서에 오지 않도록 적극적으로 거절한다.

이 다섯 가지 유형 중에 4번은 사실 많이 억울할 수도 있다. 제대로 평가받으면 1번이나 2번쯤 되어야 한다. 어찌 보면 1번보다 더 능력이 있을 것이나 인성문제로 일에 대한 능력이 과소평가 되는 경우도 있을 것이다.

이처럼 객관적 실체도 없고 어쩌면 기분대로일 것 같은 인성이라는 잣대 때문에 호감에 대한 순서가 바뀌는 것이 현실이다.

만약 자신이 정말 일을 잘 하고 있으며, 현재의 직무보다 더 어려운 일을 잘 할 자신이 있음에도 불구하고 가고자 하는 부서나 중요한 직무를 부여 받지 못하는 상황이 오래 지속된다면 바로 이 부분을 돌아보고 조직 내에 자신에 대한 부정적 이미지를 바꿔 나가는 노력이 필요하겠다.

부정적, 소극적 자세는 평생의 꼬리표

신규직원은 물론 직장인 누구나 좋은 평판 속에 환영받고 사랑받기를 원하겠지만 좋건 싫건 다음과 같은 다섯 가지 유형 중 하나의 모습으로 점차 그 평판이 형성되어 나갈 것이다.

물론 공직 내에서 가장 성공할 수 있는 유형으로는 앞서의 언급처럼 인성이 중요한 요소가 되고 있는 바, 이제 인성을 평가 하는 요인 중 몇 가지를 살펴보자.

그런데 애당초 주변의 평가라는 것이 특정한 틀이나 룰이 없었던 것처럼 인성의 평가라는 것도 특별한 기준이나 척도가 있는 것은 아니지만 자세히 들여다보면 대략 다음과 같은 공통분모를 가지게 된다.

인성이 좋다 (능동적, 적극적)	인성이 나쁘다 (소극적, 부정적)
-힘들어 보이고 궂은일을 솔선함. 특히 행동에 일관성이 있음.	-힘들고 궂은일을 회피하거나, 상사가 볼 때만 하는 것처럼 의도적으로 행동함.
-지시나 협조에 상대방을 배려하며 밝고 긍정적으로 수긍. 응대함.	-지시나 협조에 무표정하거나 귀찮아하고, 동료나, 하급자의 협조에는 무관심하지만 상사의 지시에는 민감함.
-밝고 웃는 표정이거나 그렇지 않더라도 남의 말, 특히 험담을 하지 않음.	-소문에 민감하고 말이 많고 없는 말을 지어 냄.
-모르는 사항이 있으면 즉시 물어 보고 다시 진행함.	-모르는 사항도 아는 것처럼 행동하거나 제 때에 물어 보지 않고 감추는 등 개선 시기를 놓침.
-맛있다, 좋다, 잘한다, 재미있다 등 주변과 현상에 쉽게 만족하고 감동하여 같이 있는 사람들을 즐겁게 함.	-짜다, 싱겁다, 별로다, 재미없다 등 부정적인 표현을 쉽게 하거나 익숙하여 같이 있는 사람들까지 분위기를 어둡게 함.

인성을 제대로 알기 위해서는 개개인의 마음을 들여다보아야 하

겠지만 그것은 불가능한 일이다.

따라서 이와 같이 개개인의 인성이 좋다, 나쁘다를 평가하는 가장 중요한 요인은 그 사람이 사람과 일을 대하는 과정에서 겉으로 드러나게 되는 구체적인 자세와 행동에서 비롯됨을 알 수 있다.

그러므로 공직 입문 초기부터 자신의 캐릭터를 밝고 긍정적인 이미지로 관리해 나감으로써 인성이 제대로 갖춰졌다는 평가를 받는 것이 매우 중요하다고 하겠다.

멘토는 가까이에 있다

신규공무원 시절에는 업무에 대하여 잘 모르고 비록 일부 안다고 하더라도 자기주장을 펼 수 없겠으나 경험과 업무능력이 차츰 갖춰지게 되면 개인별로 맡게 되는 직무의 범위와 업무량에 대한 이견으로 부서 내 갈등이 가끔 발생하게 된다.

행정업무가 수치화 계량화되어 업무량이 정확히 산출되거나 성과측정 분석이 완벽하다면 이런 문제는 발생하지 않을 것이나 행정의 특수성으로 인해 그러한 작업이 어렵고 더딘 관계로 정확한 측정이 어렵다.

이 때문에 소극적 부정적인 사람은 여러 가지 구실과 핑계를 들어 업무를 회피하려고 하고 능동적 적극적인 사람은 다소 힘들고 괴로울 것을 예감하면서도 한번 해보겠다는 자세로 과중한 업무도 마다 않고 잘 받아들인다.

순간적인 승자는 당연히 일을 회피하여 편안해진 직원처럼 보일 것이나 직장상사나 부서장의 머리에 이런 상황들은 하나씩 데이터로 저장된다.

미처 규정되지 않았거나 신규로 발생한 업무 등의 조정에 있어 이견과 갈등이 있는 경우 대체로 부서장이나 상사들이 나서서 명확하게 업무분담을 해 준다.

그러나 간혹 상사들은 부하직원들을 꾸중하거나 부탁하는 것이 번거롭고 조정이 애매한 경우도 많아 직원들의 자율에 맡기는 척 모른 체 하는 경우도 있다.

하지만 이런 과정을 지켜보면서 동료를 위하여 희생하는 사람, 과도한 업무를 회피하지 않는 사람은 무언가 새로운 과제를 맡겨도 잘 해낼 것이라는 믿음이 커지게 되고, 그렇게 믿게 된 직원은 자신이 다른 자리로 옮기거나 새로운 팀을 구성하게 될 경우 같이 일하고 싶은 직원으로 요구하게 된다.

이처럼 가까이에서 나의 행동을 지켜보며 형성된 믿음으로 관계를 맺게 된 선배나 부서장과는 자연스럽게 마음을 터놓을 수 있는 멘토와 멘티의 관계로 발전하는 경우가 많다.

이렇게 형성된 관계는 서로 부서를 옮기더라도 지속적으로 공직 생활의 든든한 조언자 역할을 해 주는 경우가 많으므로 애써 멀리서 멘토를 찾을 필요가 없겠다.

스님이 제 머리 못 깎는다

요즘이야 좋은 도구들이 많이 나와 스님도 제 머리를 깎지만, 이 속담에는 제 자랑은 제가 하지 못한다는 의미가 담겨 있다.

직장 내에서의 업무능력이나 인성 등이 매우 훌륭하더라도 그 자신이 스스로 자랑하고 다닐 수는 없으며 주위에서 알아주고 자연스럽게 소문이 나야 한다.

이렇게 진실하게 소문을 내 주는 사람도 가장 가까이에 있는 동료나 멘토 관계가 형성된 상급자인 경우가 많다.

친화력, 아부의 경계를 넘지 않기

누군가와의 관계를 잘 형성하고 유지·발전시켜 나가는 것은 대단히 큰 능력이며 사회생활에 있어 반드시 갖추어야 할 덕목이기도 하다.

공직사회에 첫발을 들여놓은 후 대략 5년 이내에 직원들의 친화력도 그 차이를 느끼게 되는데, 관련 공무원이 업무라인이나 민간단체 등과 긴밀하게 협조관계를 유지하는 경우 업무에 대한 전달이나 공감확산을 용이하게 하여 그 효율을 높여 준다.

그러나 이렇게 장점이 많은 친화력이 자칫 도를 넘을 경우에는 아부를 잘 하는 사람, 일 보다는 관계에 집착하는 사람으로 알려지기도 한다.

일반적인 직장생활이 그렇듯이 공직생활도 대부분의 인간관계는 소속된 팀이나 부서를 위주로 이루어지고 상호접촉 및 교류하는 활동반경도 제한적일 수밖에 없다.

이렇게 제한적일 수밖에 없는 인간관계의 폭을 친화력으로 넓혀 나가는 것은 매우 바람직한 일이겠지만 자기 팀과 부서를 소홀히 하고 다른 팀이나 외부와의 교류에 힘쓰게 되면 오해를 받을 수도 있다.

특히 다른 팀이나 외부인사가 조직 내에 미치는 영향력이 큰 경우 자칫 기회주의자로 오해받을 수도 있음을 고려해야 한다.

자신이 하고 있는 과잉행동이 친화력의 발현이지 아부가 아니라고 생각하거나, 직장상사들이 친화력과 아부의 차이에 대해 모를 것이라고 착각하지 않는 것이 좋다.

직장생활을 오래 한 부서장 등은 부서 내 직원들의 일거수일투족에 대해 짐짓 모른 체 하면서도 훤히 꿰고 있으며 몇 번의 접촉만으로도 직원 대부분의 성향과 성품을 파악하게 된다.

그러므로 눈에 거슬리는 지나친 아부성 행동보다는 정도를 넘지 않는 친근하고 듬직한 모습이 더 깊은 믿음으로 이어진다는 점을 염두에 두면 좋겠다.

말과 행동에 믿음주기

말이 많거나 적은 것은 각기 그 사람의 개성이므로 딱히 말수가 많은 것이 좋은 지, 적은 것이 좋은 지 구분하기 어렵다.

직장 내에서도 말수가 없는 사람은 과묵해 보이나 답답할 때가 있고 말수가 많은 사람은 대하기 편하고 재미있는 경우가 많다.

말이 많은 사람 중에 특히 재치와 넉살이 좋은 사람은 사무실 분위기를 좋게 하며 좌중을 즐겁게 한다.

요즘은 공직 분위기도 많이 부드러워져 경직된 사고와 말투보다는 부드럽고 밝은 사고와 언행을 강조하는 추세이지만 행정의 특성상 사무처리에 있어서 부드러움은 민원응대의 기법과 자세일 뿐, 보다 신속한 처리와 법적 정확성, 원활한 집행과 효율성 등으로 행정수요자와 고객의 신뢰를 확보할 것을 더 강조한다.

특히 업무를 처리함에 있어서는 불필요한 언급으로 민원처리에 혼선을 주거나 의사결정이 끝나지 않은 사안을 미리 예단하여 결정과정에서 번복된 후 혼란을 야기하는 사례 등이 많기 때문에 가급적 불필요한 말은 삼가고 오해소지가 있는 부정확한 표현은 쓰지 말아야 한다.

이처럼 일상적인 대인관계에서는 유머와 부드러움을 견지하되 업무에는 성실함과 과묵함을 보임으로써 주변의 믿음을 주는 것이 공직에서 성공할 수 있는 기본이 될 것이다.

되는 것도 없고 안 되는 것도 없는 사람이 가장 답답해

일 처리가 신속하고 정확하다는 평가를 받는 것이 가장 좋겠으나, 가장 좋지 못한 경우는 일이 될지 안 될지 가늠하기 곤란한 사람이라는 평을 듣는 경우이다.

나는 담당(계장)과 부서 단위 관리자(과장)가 된 후 예민한 사업이나 업무가 주어졌을 때 가부가 확실한 사람에게는 재량이 적은 원칙적인 업무를 맡기고 사고의 폭이 비교적 넓은 사람에게는 융통성이 있는 업무를 맡기는 등 신축적인 부서배치와 업무배분을 하였다.

이처럼 성향이 확실한 사람에게는 업무배분과 대응이 가능하겠지만, 원칙도 없고 융통성도 없어 시간만 허비하고 도무지 결과를 알 수 없는 사람에게는 일 맡기기를 가장 꺼려하게 된다.

특히 맡은 업무의 처리가 자신이 없는데도 오래 방치해 두었다가 상사가 찾으면 그제야 어려워서 처리하지 못했다고 하는 경우는, 다른 사람이나 다른 방법으로 그 문제를 해결할 시간마저 놓치게 하는 가장 답답한 사례이다.
_____

제2장
능력 있는 공무원 되기

5년 이후, 나의 능력이 빛난다

　신규직원 시절이 지나면서 시기의 차이야 있겠지만 본격적인 능력을 발휘해야 할 때가 다가온다.

　일부 특정 직렬의 경우 같은 자리에서 장기간 근무하는 경우도 있겠지만 대부분은 직무의 내용과 중요도에 있어서 변화가 생기고 조직의 인사이동에 의거 전혀 예기치 않은 부서로 가거나 각자의 인성과 능력, 멘토의 도움이나 요구 등에 따라 자리를 옮기기도 한다.

　이처럼 새내기 시절을 거치며 한두 번의 자리를 옮기게 되는 이 시기가 정말 중요하다.

　이런 시기에 어떤 일이든지 해낼 수 있다는 자신감과 긍정적인 마음으로 기본적인 담당 직무를 성실하게 소화해내다 보면 자신의 능력이 서서히 빛나기 시작한다.

특히 아직 세밀한 부분까지 습득한 상태가 아닌 것을 주변에서 이해하기 때문에 비록 실수가 있더라도 너그럽게 이해 받으며 역량을 발휘할 수 있고 작은 성과에도 선배와 조직으로부터 인정받기 시작하는 이 시기에 새로운 역량을 더욱 쌓아 장기적으로 중견공무원으로 성장하는 소양을 갖추게 된다.

주저하지 마라, 한계가 보인다

누군가의 선택에 의하던 아니면 자연스럽게 옮기게 되는 경우이던 맡게 될 부서나 업무가 정말 자신이 없는 경우가 아니라면 일단은 즐거운 마음으로 수긍하고 부딪혀 보는 것이 좋다.

처음에는 누구나 생소하고 두려운 마음이 생기나 자신의 노력과 동료 및 선배의 도움이 합쳐져 일정 시간이 지나면 주어진 업무를 대부분 잘 처리하는 능력을 갖추게 되고 좋은 평가를 받게 되기 때문이다.

자신의 능력을 스스로 과소평가 하거나 지나친 걱정으로 어렵고 힘든 부서를 기피하는 사람으로 주변의 평가를 받게 되면 초년시절 형성된 소극적인 이미지가 아주 오랫동안 자신을 따라다니며 중요한 일을 감당할 기회를 얻지 못하게 된다.

따라서 초년시절에는 편하고 여유 있게 보내는 것보다는 기회만 주어진다면 어떤 고생도 능히 참아낼 수 있고 아무리 힘든 업무도 자신 있다는 자세를 유지해 나가는 것이 매우 중요하다.

어렵고 힘든 업무를 낙관적으로 대하는 사람과 불평을 입에 달고 다니는 사람, 누구와 같이 근무하고 싶겠는가. 지나친 불평은 결과에 대한 성공도 기대하기 어려울 뿐더러 같이 있는 동료들에게 심각한 스트레스가 되어 조직 내 다른 과제에도 좋지 않은 영향을 끼치게 한다.

핵심 분야, 젊을 때 익혀라

어렵고 힘든 업무라면 무조건 다 좋을까? 대부분 그런 업무를 맡아 묵묵히 수행해내는 모습을 지켜보는 주변의 평가는 긍정적일 것이다.

그러나 평판이 좋아지는 것 못지않게 중요한 요소가 있다. 그것은 오랜 기간의 공직생활을 위해 초년시절에 성실함을 인정받는 것 못지않게 다양한 업무처리능력을 키우는 것이다.

따라서 단순 반복적 집행업무를 너무 오래 담당하는 것은 새로운 능력을 키우거나 발휘할 기회를 줄어들게 한다.

공무원의 종류는 국가직 공무원과 지방직 공무원으로 구분되며, 국가직은 중앙부처에서 지방직은 각 시·도에서 채용을 진행한다.

직급은 5급 고시를 제외하면 대개 7급과 9급으로 채용하고 직렬은 일반행정, 교육행정, 세무, 사회복지, 농업, 임업, 교정, 보호, 검찰사무, 마약수사, 출입국관리, 소방, 군무원, 경찰, 시설, 보건, 환경, 전산 등 매우 다양하다.

시군읍면동이나 시도에서 근무하게 되는 지방직의 경우를 다시 살펴보면 대개 행정직이 가장 많고 시설, 사회복지, 농업, 임업, 보건직 등 다양한 직렬이 주어진 역할에 따라 국과 과 단위에서 같이 근무하게 되는데, 기획실, 행정과, 재무과, 복지과, 민원과, 건설과, 환경과 등 명칭과 업무가 각기 다르다.

그러나 이처럼 단위부서들이 각기 전문영역을 담당하는 특수한 직무 또는 직위를 중심으로 구성되어 있다고 하더라도 어느 기관이나 부서마다 공통적으로 필요한 업무가 존재한다.

행정이나 기업 할 것 없이 조직의 내부는 사람의 몸과 같이 머리에 해당하는 지휘통제부서가 있고, 머리가 내린 명령이 잘 이행되도록 에너지와 영양을 공급하는 혈관과 신경에 해당하는 지원부서가 있으며, 실제로 그 명령을 수행하는 손과 발의 기능을 하는 현업부서가 있다.

지휘통제부서는 대개 기획, 감사, 의회 등의 관련부서이고, 지원부서는 인사, 조직, 예산, 경리, 세무 등이며 현업부서는 사회복지, 민원, 문화관광, 건설, 도시, 상·하수, 농축수산업, 산림 녹지 등 지휘통제와 지원부서를 제외한 모든 부서라 할 수 있다.

공무원이 되면 대략 2~3년마다 위와 같은 여러 부서를 옮겨 가면서 근무를 하게 되는데 보통의 경우 조직의 리더 역할은 기획, 예산, 인사, 조직관리부서 등을 중심으로 이루어지는 경우가 많다.

그러므로 인사 및 승진 등에서 비교적 유리한 지휘통제 또는 지원부서에 근무하기를 선호하게 되고 직렬에 관계없이 공통적으로 익혀야 될 업무도 이러한 부서에 편중되어 있다.

이러한 공통적인 업무는 이런 업무를 주로 다루는 기획실, 총무과, 행정과 등 관련부서를 거치면 비교적 체계적으로 습득하고 경험할 수 있겠으나 현업부서에도 서무나 경리업무 등 기획, 총무업무 등을 접할 수 있는 직무와 직위가 있으므로 젊은 시절에 그러한 업무를 담당해 보는 것은 매우 중요한 경험이 될 것이다.

비교적 현업부서의 단순 반복적 집행이나 법령, 지침에 의한 업무처리, 그리고 일반적인 민원처리는 누구나 짧은 시간의 업무연찬으로 쉽게 접하고 추진해 나갈 수 있다.

하지만 기획, 의전, 행사, 예산, 경리 등의 업무는 언제 어디를 가던 필요한 분야이고 나이가 들고 경력이 어느 정도 쌓이고 나면 그러한 실무를 주변에 물어보기 부끄럽고 민망하여 배우기가 쉽지 않기 때문에 가급적 조기에 배워 두는 게 좋다.

게다가 기획, 총무, 의전, 행사 등을 주된 업무로 하는 부서 외에도 정도의 차이야 있겠지만 부서별 중요 기획이나 행사업무들이 존재하므로 부서장이나 관리자들은 가급적 그런 능력을 갖춘 사람이 승진하거나 전보 시 자신의 부서로 오기를 희망하게 된다. 또한 이러한 경력은 공직 내부의 승진과 전보에 지속적인 영향을 미친다는 것을 염두에 두어야겠다.

새로운 것에 반응하라

공무원은 대부분 법령과 지침을 바탕으로 주어진 업무를 수행한다. 또한 근무행태와 업무처리에 대한 규정이 비교적 명확하고 오랜 업무처리 과정과 경험이 축적되어 제도화, 체계화 되어 있다.

이러한 이유로 전임자나 선배들의 업무처리 방식과 관행을 따라하면 큰 실수 없이 무난한 행정수행이 가능하여 시행착오를 줄이고 효율을 높이는 장점을 발휘하기도 한다.

그러나 공직에 처음 들어온 사람들이 어려운 채용과정을 거쳐 입문한 우수한 인재들임에도 불구하고 공직 내부의 앞선 관행과 제도적 틀에 너무 쉽게 동화되고 얽매여 경직된 사고를 가지게 됨으로써 민간기업에 입사한 사람들과 비교 시 해가 갈수록 점차 창의성이 둔화 된다는 평가를 받기도 한다.

이러한 단점을 극복하고 젊은 시절은 물론 나이가 들어서도 신선한 생각과 창의적 아이디어를 가진 사람으로 남기 위해서는 늘 새로운 것에 민감해져야 할 필요가 있다.

시대의 변화나 새로운 화두에 관심을 가지고, 새로운 용어나 상식을 알려고 노력하며 과거와 현재를 비교해 보고, 미래의 변화와 행정수요 등을 예측해 보려는 생각이 늘 깨어 있고 습관화 되어야 한다.

또한 법령과 지침에 위배되어 지금 당장은 시행이 어렵더라도 주민편의나 공공의 이익을 위해 꼭 추진해 보고 싶은 분야가 있다면 법령 및 제도의 개선을 꾸준하게 건의해 나가는 적극적인 자세가 필요하다.

왜냐하면 불편이 따르거나 과도한 규제로 여겨지는 사안들은 일정시기가 지나면 시대적 욕구나 필요에 의거 법과 제도가 바뀌는 사례가 많으므로 현실에 안주하거나 포기하지 말고 장기적인 예측과 안목으로 창의성을 발휘해 나가는 것이 매우 중요하다.

포켓용 시사용어사전

나는 90년대 중후반에 산청군 기획담당으로 4년간 근무하면서 비록 시골의 작은 군이지만 군 산하 공무원들이 시사문제에 관심을 갖고 늘 앞서 가기를 바라는 마음으로 매월 포켓용 시사용어사전을 제작하여 전 직원에게 배포했다.

당시 세계화 국제화 바람을 타고 어렵고 생소한 경제용어들이 쏟아져 나왔고 정보화 시대로 진입하면서 시사, 상식, 전산 관련

용어도 많이 탄생하였다.

　이처럼 새롭고 다양한 용어들을 정리하여 매월 정기적으로 제공한 것이 동료직원들에게 다소 도움이 되었겠지만 4년 이상 꾸준하게 자료를 만드는 과정에서 나 자신 스스로 더 큰 공부가 되었다.

　이제는 스마트 기기의 등장으로 종이사전의 경쟁력과 의미가 약해졌고, 똑똑한 모바일 기기가 언제든지 궁금증을 해소해 주는 편리한 시대가 되었다.

　그러나 직원들과 대화를 해 보면 바쁘다는 이유 등으로 시사나 경제용어에 관심이 적다는 것을 자주 느끼게 되는데 보다 깨어 있는 공무원이 되고 창의적인 아이디어를 얻으려면 사회현상과 시사 문제에 대한 궁금증을 가지고 그때그때 스마트폰을 검색해 보는 등 부지런하고 꾸준한 관심이 중요하다는 생각을 해 본다.

내공은 절로 쌓이지 않는다

　공직생활을 하다 보면 같은 동료의 입장에서 바라볼 때도 간혹 엄청난 능력을 발휘하는 사람을 볼 수 있고, 특히 선배 공무원 중에는 다방면에 걸쳐 많은 경험과 뛰어난 능력을 보이는 사람들이 많다.

이런 사람들을 지켜보면서 어쩌면 그렇게 많이 알고 어떻게 그렇게 순발력이 뛰어난지 감탄하며 부러워하게 되지만 사실 그러한 내공은 손쉽게 절로 얻어진 게 아니다.

사람마다 업무를 접하고 처리하는 방식이 각기 다른데 긍정적이고 진지한 자세로 업무를 대하는 사람은 깊이 있는 연찬이 이루어지고 건성건성 다루는 사람은 최소한의 소극적 처리에 그치게 된다.

또한 단위업무에 국한하지 않고 연관되는 부분까지 연계 검토하는 사람은 그 과정에서 얻게 된 상식이 지식으로 축적되어 차츰 차츰 내공이 쌓이게 된다.

또한 임기응변이나 순발력은 다양한 경험도 필요하지만 경험보다 더 중요한 것은 업무에 대한 정확한 지식과 법규로써 이러한 것들이 머릿속에 정리되어 있어야 유사 내용의 발생 시 그것을 바탕으로 순간적으로 대처 가능한 번뜩이는 아이디어가 나온다.

내공과 관련하여 또 한 가지 빼놓을 수 없는 사항은 힘들고 어려운 시책업무를 맡아 장기적으로 정열을 쏟아야 하는 경우로써 이때 필요한 내공은 정신적, 육체적으로 견딜 수 있는 에너지와 체력이다.

이처럼 어렵고 힘든 부서를 거치면서 지칠 줄 모르는 열정과 자긍심을 바탕으로 정해진 목표에 다가가려는 긍정적인 노력들이 하나 둘 모여 업무가 숙련되고 내공은 점차 단련된다.

따라서 동료나 선배들의 내공을 마냥 부러워하기보다는 스스로 내공을 쌓으려고 노력하는 자세가 매우 필요하며 이렇게 쌓인 내공은 쉽게 없어지지 않고 공직생활을 하는 동안 계속하여 자신의 밑천이 되고 캐릭터가 된다.

사회능력을 키워라

통상적으로 의사결정을 위한 회의진행은 사회자로서의 기능이 아닌 주재자로서의 기능으로서 일정한 요건과 형식 및 절차에 의거 진행된다.

그러나 의사결정기구의 의장이나 대표자로서의 회의진행법 못지 않게 이를 보좌하는 사회자의 역할도 매우 중요한 바, 공무원으로서 어느 정도 경력이 쌓이거나 특정한 직무를 맡게 되면 이와 같은 회의를 준비하고 사회를 보며 원활한 의사결정에 이르게 하는 보조자 역할을 하게 되는 일이 많다.

특히 대략적인 결론을 도출해 놓은 상태에서 절차와 형식을 갖추는 수단으로 개최하는 회의의 경우에는 담당공무원들이 단순보조에 그치지 않고 사실상 회의 결론을 주도하게 되고 의사결정권자는 형식을 채워주는 역할을 맡게 되므로 진행보좌에 실수가 없도록 더욱 세심한 주의가 요구된다.

이러한 회의준비와 진행보좌는 회의내용, 의사결정에 이르는 방식, 회의장 분위기나 돌발적인 상황에 대처하는 감각 등 모든 것이 회의 참석자들에게 공개된다.

이는 자신의 역량을 조직 내 폭 넓은 구성원들과 외부인사에게 보여주는 기회가 되기 때문에 매우 중요하며 다음 사항을 참고하여 사회능력을 키워 나가는 것이 좋겠다.

담력을 키워라

공무원 초기에는 모든 것이 어설프다. 특히 남의 앞에 서는 것은 긴장감이 높아져 떨리기도 하고, 하고 싶은 말이나 설명을 제대로 못하는 경우가 많다.

서예를 해 본 사람은 잘 알겠지만 처음 글씨를 배울 때는 손이 떨려서 획이 바로 나가지 못하고 삐뚤게 되다가, 어느 정도 필력이 붙고 나면 떨림 현상이 사라지고 한 획 한 획에 힘이 실리게 된다. 그러나 어느 정도 서예를 연마하여 떨리지 않게 된 사람들 중에도 혼자만의 조용한 공간이 아닌 많은 사람이 쳐다보는 상황에서 글씨를 쓰게 되면 심하게 떨기도 한다.

이런 현상을 극복하는 방법은, 첫째 많은 연습으로 필력을 더 높이고, 둘째 많은 사람들 앞에서 자주 글씨를 써 봄으로써 주위를 의식하지 않는 담력을 키우는 것이다. 회의를 잘 진행하는 방법도 이와 같이 담력을 키우는 것이 매우 중요하다.

떨리지 않을 때까지 연습하라

나는 초등학교 5학년과 6학년 때 특별활동으로 서예를 한 적이 있다.

일주일에 두 번, 한 번에 1시간 정도 글쓰기를 연습하였는데 어느 정도 기초를 배우고 나니 선생님께서는 혼자서 열심히 쓰는 것도 좋지만 대중 앞에서 써 보기를 권하고 실제로 여러 친구들이 지켜보는 가운데 쓰도록 연습을 시키셨다.

선생님께서는 글씨를 진정으로 잘 쓰는 사람은 누가 보나 안보나 붓이 좋으나 안 좋으나 거리낌이 없어야 한다는 말씀을 자주 하셨고, 많은 연습으로 글씨를 잘 쓰게 되는 것 못지않게 담력을 키워야 좋은 글씨가 나온다는 가르침을 주셨다.

나는 성장하고 살아가면서 두고두고 서예뿐만이 아니라 여러 분야에 있어 꼭 필요한 가르침이었다는 생각을 하게 되었다.

큰 행사의 앞자리에 익숙해지기

행사보조를 하기 위해 담당자로서 또는 지원자로서 행사장에 가게 되는 경우 대부분의 공무원은 옆이나 뒷부분에 머물며 진행을 보조하는 것을 선호한다.

또한 대부분의 공무원은 가급적 무대나 메인행사장에서 멀리 떨어 진 곳에 있고 싶은 소극적인 생각을 가지고 있다. 이는 지위가 높은 참석자들이나 많은 대중과 만나게 되는 상황을 피하고 싶거나 부끄러워하기 때문이다.

그러나 역할이 있건 없건 행사장의 앞에 서 보는 것만으로도 담력이 커지고 많은 사람 앞에 자신을 드러낼 때 느끼게 되는 어색함이나 부끄러움이 점차 줄어들게 된다.

그러므로 행사장 앞에서의 보조역할 수행을 자원해 보는 것이 바람직하고 그런 기회가 주어지지 않으면 앞자리를 꺼리는 집합교육 등에 있어 적극적으로 앞자리에 앉아 보는 연습이라도 자주 하는 것이 좋겠다.

연단에 나가 보기

의전이나 행사담당부서에 근무를 하게 되면 연단이나 남의 앞에 서게 되는 기회가 많을 것이며, 다른 부서에 근무를 해도 작은 규모의 행사진행보조나 행사지원의 기회는 수시로 오게 되어 있다.

이럴 때는 가급적 연단에 서서 보조하는 역할을 택해 보기를 권한다. 식순에 따라 연설문을 바꿔 놓는 일, 행사진행을 위한 물품 전달, 표창 및 부상 수여 보조행위 등 행사마다 연단에 오르는 보조자가 항시 있게 마련인데, 이런 역할을 하게 되면 담력도 커지고 행사를 보는 안목도 점차 커지게 된다. 만약 직장 내에서 그런 기회가 좀처럼 오지 않는다면 사적인 모임의 무대라도 자진하여 자주 경험해 봄으로써 익숙해지는 것이 좋다.

공직 입문 초기에 이런 훈련이 되지 않은 상태로 중견공무원이 된 사람들 중에 회의진행에 있어 실수를 하는 사례가 매우 흔하고 이는 곧 그 사람의 능력 평가에 부정적인 요소로 작용한다.

시상 보조도 떨린다

나는 면사무소에서 근무하다가 신규 임용된 지 약 7년 정도 후, 군청에 발령 받아 처음에는 민방위교육훈련 업무를 보았다. 따라서 민방위대원을 대상으로 실기교육과 정신교육을 시키는 모습을 자주 접할 수 있었다.

그런데 민방위과 근무 1년 후 다시 행사 및 의전 업무가 많은 행정과로 발령을 받게 되어 처음으로 직접 연단에 나가 시상보조를 하게 되었다.

군수님이 상을 차례대로 줄 수 있도록 한 사람, 한 사람씩 표창장을 건네 드리고, 사회자의 표창장 낭독이 끝나면 부상을 건네 드리는 역할이었는데, 수백 명의 직원이 모인 자리라서 그런지 시상보조 하는 것도 긴장이 되고 떨렸다.

물론 거의 모든 참석자의 시선이 수상자에게 쏠려 있어 나에게는 아무런 관심을 두지 않는다는 것을 알고 있었고, 그간 민방위 업무를 통해 무대를 경험해 보기도 하였지만 민방위과에서 교육대상자를 접하는 것과는 사뭇 다른 긴장이 이어졌다.

이러한 긴장감은 마음훈련을 통해서도 극복이 가능하겠지만 가장 좋은 방법은 무대경험을 자주 해 보는 것이라는 점을 깨달았다.

시나리오에 익숙해지기

보조자로서의 훈련을 통해 어느 정도 담력이 커지거나 연단이 두렵지 않게 되는 과정을 거친 후 본격적인 회의진행을 맡게 되면 이제 회의내용과 분위기를 완전히 파악하고 흐름을 장악하여야 한다.

담력 못지않게 중요한 것이 회의 내용의 숙지를 통해 얼마나 자신감을 가지고 임할 수 있는가이다.

회의진행을 위한 시나리오는 대개 진행자가 직접 작성하거나 업무담당자가 작성해 준 것을 활용하게 되는데 어느 경우이건 진행 시나리오를 철저히 숙독하여 자기 것으로 소화시켜야 한다.

특히 사람마다 어휘구사능력, 어투, 호흡법 등이 다르기 때문에 자신이 매끄럽게 잘 발음할 수 있도록 시나리오를 손질하는 것이 중요하다.

시나리오에 대한 이해와 숙독과정이 끝나면 돌발상황을 가상한 응용가능성을 살펴보고 어떤 상황이 발생하더라도 대처 가능한 후보계획을 점검한 후 회의에 임하는 것이 좋다.

시나리오를 너무 믿고 시나리오대로만 하면 모든 것이 잘 해결될 것이라는 생각으로 회의에 임할 경우 예기치 못한 일이 발생하면 당황하여 우왕좌왕 하기 쉽다.

너무 단순하고 쉬운데 흔하게 하는 실수

그동안 내가 지켜보고 경험한 의전행사 중 사회자의 가장 흔한 실수 중 하나는 국민의례였다.

의전업무를 자주 접해 본 공무원은 그런 실수를 하지 않지만 의전이나 행사업무를 자주 접해보지 않은 공무원은 아주 간단하고 단순해 보이는 국민의례 진행 중 실수를 하는 모습을 가끔 보게 된다.

그것은 주로 '국기에 대한 경례' 이후에 '바로'를 구령하지 않고 '다음은 애국가 제창이 있겠습니다'라고 하거나, '순국선열에 대한 묵념' 이후 '바로'를 구령하지 않고 다음 식순을 진행하는 것이다.

이것은 단순한 실수에 불과하지만 모든 참석자들이 동시에 어색함과 황당함을 느끼고 행사진행이 매끄럽지 못하다는 생각을 하게 되니 반드시 주의를 기울여야 하겠다.

나는 주사보 시절 선배가 그런 실수를 했을 때의 진행 시나리오를 본 적이 있는데 국기에 대한 경례와 바로 구령이 한 줄로 적혀 있었다.

① 먼저 국기에 대한 경례가 있겠습니다. 모두 자리에서 일어나 단상의 국기를 향해 주시기 바랍니다.

② 국기에 대하여 경례, 바로.

③ 다음은 애국가 제창이 있겠습니다.

위의 시나리오를 보면 매우 잘 정리된 것처럼 보인다. 그러나 ②번의 국기에 대하여 '경례' 구령을 한 사회자가 주악이 끝난 후 '바로'를 보지 못하거나 긴장한 상태에서 그 줄은 이미 다 진행한 것으로 착각하여 시선이 ③번으로 넘어가기 쉽도록 되어 있다.

나는 그때 이후 선배들의 시나리오를 대신 써 주거나 내가 사회를 볼 때는 반드시 ②번을 두 개의 상황으로 구분하여 적는 습관을 가지고 있다.

① 먼저 국기에 대한 경례가 있겠습니다. 모두 자리에서 일어 나 단상의 국기를 향해 주시기 바랍니다.

② 국기에 대하여 경례.

③ 바로.

④ 다음은 애국가 제창이 있겠습니다.

순국선열과 호국영령에 대한 묵념 이후의 실수하기 쉬운 '바로' 구령도 위와 마찬가지로 2개의 줄로 상황을 달리하여 적어야 실수가 없다.

미리 발음해 보기

시나리오 작성과 수정이 이루어지면 사전에 여러 번 읽어 보는 것이 좋다. 문어체로 작성된 시나리오는 눈으로 읽을 때는 괜찮아 보여도 막상 진행을 하다보면 구어체에 맞지 않아 발음이 원활하지 못한 경우가 간혹 발생하기도 한다.

특히 발음이 좀 자신 없거나 어눌한 사람은 신문의 사설 등 비교적 고급문장을 소리 내어 자주 읽어 보는 연습과 구어체로 작성된 자료를 찾아 자꾸 읽어 보는 것이 많은 도움이 된다. 이런 과정을 되풀이 하다 보면 자신도 모르게 아나운서와 같은 발음의 달인이 될 수 있을 것이다.

나만 모르는 습관과 버릇을 고쳐라

회의진행 모습을 지켜보면 한 점의 흠도 없이 매끄럽게 진행하는 사회자도 있지만 간혹 자연스럽지 못하거나 눈에 거슬리는 습관과 버릇들을 발견하기도 한다.

특히 사회대 앞에 서는 자세의 경우 바로 서지 못하고 짝발을 디디고 삐딱하게 서서 진행하는 버릇이나, 한 손은 마이크를 잡고 한 손은 주머니에 넣고 진행하는 버릇 등은 진지하지 못한 모습으로 비춰지기 쉬우므로, 오락회 사회가 아니라면 가급적 바른 자세와 진지한 표정으로 사회를 보는 것이 좋다.

이렇게 행동과 관련한 버릇은 그나마 멀리 앉은 참석자들에게는 보이지 않아 다행스럽지만 마이크를 통해 흘러 나가는 음성과 관련한 버릇은 청중 모두가 듣기 때문에 여과 없이 모두 노출되는데 말하는 중간 중간에 '에~, 어~, 그~'를 습관적으로 쓰는 사례가 가장 흔하다.

이처럼 '에~'나 '어~'와 '그~'를 잘 쓰는 사람은 주로 말을 약간 더 듬거나 심한 긴장감으로 인해 이어지는 말을 하거나 문장을 읽기 전에 호흡을 놓치는 경우가 많은데, 말하는 사람은 미처 모르겠지만 듣는 사람은 매우 거북하게 느낀다.

시나리오를 받거나 직접 작성한 경우 또는 시나리오가 없는 사회를 보게 되는 경우에 관계없이 모두 회의내용을 완전하게 숙지하고 침착하게 호흡하면 이와 같이 불필요한 발음습관을 고칠 수 있다.

또한 한 번의 호흡으로 너무 빠르고 길게 이야기 하려고 하지 말고 숨이 가빠지기 전에 목소리를 살짝 끊고 순간적인 호흡을 하면서 입을 마이크에서 살짝 떼는 연습을 하게 되면 차츰 이와 같은 버릇은 고쳐지게 된다.

제**3**장

어디나 따라다니는 행사와 의전

프레젠테이션 잘하기

　복잡·다양화 되어 가는 행정의 추진과정에서 프레젠테이션의 중요성은 점차 높아지고 있다. 사업을 추진하기 위한 의사결정 과정에서의 의견수렴 절차는 물론 다양한 행정환경과 상호 교류하고 공감과 이해를 이끌어 내기 위한 간담회나 공청회 등은 이제 행정수행과정의 필수적인 절차와 도구로 활용되고 있다.

　특히 최근 중앙정부에서는 국가예산 지원사업의 효율을 높이기 위해 각종 시책사업에 대한 공모제도를 통하여 자치단체 간 경쟁을 유도하고 있어 이에 대응하는 가장 효과적인 수단으로서의 프레젠테이션도 점차 늘어가고 있는 추세이다.

　그러나 의외로 공직생활을 상당기간 한 중견공무원들도 프레젠테이션에 대한 두려움이 많은 것이 현실이다. 따라서 공무원이 갖춰야 할 능력 중 그 중요성이 점차 높아지고 있는 프레젠테이션 기법 중

내가 실제로 경험하면서 중요하다고 느꼈던 몇 가지를 소개해본다.

자료작성은 내 것이 될 수 있게

- 설명 자료를 직접 만들어라

공무원이 되어 설명회, 간담회, 보고회 등의 각종 발표자료를 만드는 것은 매우 일상적인 일이다.

법령이나 규정에 의하여 매일 똑같은 일을 되풀이 하는 창구민원 사무나 단순 반복적 일일결산으로 업무처리가 완결되는 사무 등을 제외하고는 거의 모든 분야에서 그 업무와 관련하여 기관 내외부에 설명하거나 보고하는 절차가 늘 있게 마련이다.

따라서 공무원 개개인이 맡고 있는 업무를 내부적으로는 동료,

상사, 협조부서 등을 거쳐 최고의사결정권자에게 알리고 외부적으로는 그 업무와 관련한 이해관계자에게 설명하여 공감을 형성해 가는 일련의 과정이야말로 공무원의 능력이 밖으로 드러나는 중요한 기회가 되므로 최대한 발표자료를 완벽하게 숙지하는 것이 좋다.

대개 기관내부의 발표자료 작성행태를 보면 대략 세 가지로서 첫째로 아주 중요한 자료의 경우에는 외부전문가 그룹에 용역을 맡겨 진행한다.

둘째로 보통의 자료는 내부에서 자체적으로 작성하는데 이는 담당자가 직접 작성하는 경우와 상·하급자 중 누군가 대신 작성해 준 자료를 가지고 발표하는 경우인 두 가지로 다시 나뉜다.

특히 복잡하고 어려운 기획안이나 발표자료의 작성에 자신이 없는 사람은 용역이나 외부전문가의 도움을 선호하는데, 이런 경우 대개 세련된 문장과 고급용어의 나열은 물론 미려한 구성으로 인해 겉으로 보기에 매우 수준 높은 자료로 보인다.

그러나 내부사정을 담당공무원 만큼 잘 알지 못하는 한계로 인해 지역실정에 꼭 맞는 실천 가능한 아이디어나 콘텐츠가 부족하여 실속이 없는 경우도 많다.

이런 자료는 대개 발표장에서만 잠깐 빛을 발했다가 회의가 끝나고 서류함에 들어가는 순간 사장되어 버리는 경우가 허다하여 예산의 낭비로 이어지기도 한다.

또한 자신이 아닌 남이 만들어 준 자료이기 때문에 중요한 발표에는 늘 있게 마련인 질의응답이나 추가보충이 필요한 토론에서 이론적 근거나 답변이 미흡해 안타까운 일이 벌어지기도 한다.

그러므로 발표자료는 가급적 자신이 직접 만드는 것이 좋다. 그 과정에서 온전하게 모든 문제점이 스스로 점검되기도 하거니와 보다 좋은 자료를 만들기 위해 고민하는 과정에서 실현가능한 아이디어가 떠올라 콘텐츠가 튼실해지기도 한다.

또한 아이디어를 외부전문가가 제시하는 경우 내부사정을 잘 몰라 법규, 관행, 예산 등의 문제로 실현되지 못하는 경우가 많으나 내부에서 업무담당자가 생각해 내는 아이디어는 법규의 적용이나 개선 또는 예산의 확보 가능성 등을 미리 알고 작성하는 경우가 많아 실현가능성이 매우 높다고 하겠다.

이처럼 내용면에서 충실한 자료를 스스로 작성하거나 발표 내용에 대한 완벽한 이해와 연찬을 바탕으로 각종 프레젠테이션에서 자신이 가진 역량과 자신감을 표출해 나갈 수 있다면 공직에서의 성공을 충분히 담보할 수 있다고 할 것이다.

- 남이 만들어 준 자료라면 완전히 파악해라

각종 자료를 발표하는 경우 자신이 직접 작성하지 않았다면 사실 완벽한 파악이 다소 어렵다는 것을 인정해야 한다. 다루게 되는 내용이 단순하지 않고 복잡하거나 그 분량이 많은 경우라면 더욱 그렇다.

그럼에도 불구하고 대개의 경우 바쁘다는 핑계로 부하직원이나 용역기관에서 만들어 준 자료를 대충 살펴보고 발표에 임하는 사례를 볼 수 있다.

이런 경우 발표가 미흡 하여 회의성과를 거두지 못하게 되면 오랜 시간 자료를 준비해 온 동료나 부하직원, 용역기관 등에도 신뢰를 잃게 된다.

또한 대부분의 발표는 시간을 절약하기 위해 압축과 요약을 반복하게 되므로 전체적인 보고서의 문장과 단어에 너무 집착하는 것보다는 실질적인 내용을 강조하고 핵심을 이해시켜 나가는 것이 중요하다. 따라서 충분한 사전 숙지가 더욱 필수적이라 하겠다.

이처럼 발표자료의 내용을 사전에 숙지하고 듣는 사람의 이해를 높이기 위해 사례를 파악하는 등 어느 정도 준비가 끝났으면 마지막으로 스스로에게 예상 질문과 답변을 해 보아야 한다.

직접 만들어 내공이 높아 진 엑스포 유치자료

2013 산청세계전통의약엑스포는 공중의학서 사상 최초로 유네스코 세계기록유산으로 등재된 동의보감 발간 400주년을 기념하기 위해 개최하였다.

보건복지부에서는 한의학의 세계화를 통한 글로벌 경쟁력을 확보하기 위해 2010년에 동 행사를 기획하여 한의학적인 인프라와 역량을 가진 전국의 지방자치단체를 대상으로 개최지를 공모하여 선정, 개최하는 방식으로 진행하였다.

공모에 응한 자치단체는 ①충북 제천시와 충청북도 ②경북 영천시와 대구시, 경상북도 ③전남 순천시와 전라남도 ④경남 산청군과 경상남도 등이 기초광역지자체 컨소시엄 형태로 응모하여 경쟁이 매우 치열하였다.

특히 제천시와 충청북도에서는 그 당시 2010 제천국제한방바이오엑스포를 이미 준비하여 그 역량을 충분히 과시하고 있었고 영천시와 대구 경북에서도 대구 약령시와 첨단의료복합단지 등의 배후 산업을 경쟁력으로 어필하였다.

전남 순천시와 전라남도에서도 2013 순천국제정원박람회를 이미 유치하여 그와 연계한 행사로 치루면 경쟁력이 더 크다는 논리 등으로 맞섰다. 적정인구수와 행사관련 지역인프라 등 여러 면에서 산청군의 역량이 가장 약하다는 평가를 받고 있었다.

나는 이때 산청군의 엑스포유치단장을 맡아 평가에 대비를 하고 있었는데 발표자료를 잘 만들어 보려는 의욕으로 ①1차로 서울 소재 유명한 용역회사에 맡겼는데 결과물이 지역실정에 맞지 않아 과업을 중도 포기시켰고 ②2차로 지역실정을 잘 아는 지방의 대학에 맡겼는데 내용은 좋으나 발표용으로는 너무 복잡하여 중도 포기하였다.

이제 시일도 얼마 남지 않은 상황에서 다른 대안을 찾지 못하다가 나는 급기야 당직실에 임시로 책상을 옮겨 직접 발표자료를 만들어 나가기 시작했다. 3일 정도의 고민 끝에 발표용 초안이 마련되었고, 젊은 직원에게 추가적으로 효과를 넣도록 하여 완성을 시켰다.

내가 직접 만들고 수정을 거듭하며 소화시킨 발표자료는 그 뒤에 발표는 물론 질의응답에도 거침이 없게 되었고, 사전 평가 시 최하위 등급의 불리함을 딛고 본 심사 최고 등급을 받을 수 있었다.

한편 2013년 9월 6일부터 10월 20일까지 45일간 산청군의 동의보감촌 일원에서 개최된 2013 산청세계전통의약엑스포는 개최지가 산청군으로 결정된 이후 서울에서의 접근성 불리와 인구 및 도시 인프라의 부족으로 인한 자원봉사, 숙박, 음식 등의 불리함을 극복하고 국제행사 승인 시 정부에 약속한 관람객수를 초과 달성하였다.

또한 목표 수익금을 수십억 원 상회하는 입장수입을 올렸으며 주제관을 비롯한 관광인프라 구축을 포함하여 진입도로와 대형 주차장 등의 교통편의시설을 대거 확충하는 성과를 올렸다.

특히 세계 36개국이 45일간 참가하여 세계의 전통의약을 직접 소개하고 체험하는 학술 및 전시행사를 가졌다. 이러한 상황들이 언론보도와 SNS를 타고 전 세계에 전파되어 한의약의 우수성과 산청의 청정한 지역정체성을 널리 알리는 계기가 됨으로써 지방 엑스포 사상 그 선례를 찾아보기 힘든 모범사례로 평가 받았다.

산청엑스포 관람을 위해 입장하는 장면과 주제관 앞 인파

- **핵심위주로 작성하라**

　중요한 보고서, 제안서, 기획안 등의 체계와 작성방식은 대부분 일정한 형식과 모양을 갖추고 있지만 언제나 항상 같은 형식과 모

양을 띄는 것이 아니라 그 자료를 보게 되는 대상이 누구인가에 따라 처음부터 변형되기도 하고 기본적인 안을 작성한 이후에 대상에 따라 수시로 변형시켜 사용하기도 한다.

예를 들면 최고의사결정권자가 논리를 강조하는 스타일이면 추진배경 또는 현 실태, 문제점, 해소방안, 기대효과 등 기승전결이 뚜렷하게 순차적으로 작성하는 것이 좋겠다.

반면에 성격이 급하거나 핵심만을 요구하는 스타일이면 결론을 먼저 요약 제시하고 결론에 이르게 된 종합적인 분석과 판단근거는 뒷부분 또는 보조자료로 첨부하여 서술한 후 추가질문이 있을 때 순차적으로 설명해 나가는 것이 좋을 것이다.

그러나 추진배경을 먼저 제시하느냐, 결론을 먼저 제시하느냐에 관계없이 더욱 중요한 것은 보고서나 기획안은 핵심 위주로 간결하게 작성해야 한다는 것이다.

자칫 너무 잘 해 보고자 하는 욕심이나 많이 연구, 연찬했음을 보여주려는 마음 때문에 본론을 다루는 중심자료의 분량이 너무 늘어나지 않도록 주의하고, 이론적 근거나 분석자료는 첨부자료로 준비하는 것이 좋겠다.

단위업무를 담당하는 직원의 입장에서는 항상 자신이 맡은 업무가 가장 중요하고 이를 충분히 어필해 나가고 싶은 의욕이 당연하겠으나 간부나 단체장의 경우에는 많은 업무들을 동시에 고민해야 하기 때문에 모든 업무를 세밀하게 보고받거나 기억할 수 없다.

따라서 이 점을 염두에 두고 가장 짧은 시간에 간결하고 핵심적인 내용을 보고하고 이해시켜 나가는 전략적인 작성방법이 매우 중요한 것이다.

또한 각종 사업을 대외적으로 알리고 공감을 확보해 나가기 위한 자료나 각종사업을 유치하기 위한 공모사업의 발표자료도 핵심 위주로 요약하여 정리한 후 정해진 제한시간을 잘 지키고 질의답변을 대비한 세부자료와 보조적 분석 자료 등은 따로 준비하는 것이 좋다.

발표는 편하고 간략하게

- 너무 잘 하려고 하지 마라, 긴장의 원인이 된다

대중 앞에 자주 서 보고, 무대체질이거나 발표에 익숙한 사람은 청중 앞에서 비교적 자연스럽다.

그러나 너무 익숙해 보이는 발표는 듣는 사람이나 평가자 그룹들에게 신뢰성을 의심하게 하거나 자칫 진정성이 결여된 것처럼 느껴지기도 하며 반대로 긴장한 모습과 조금 서툴러 보이는 발표가 오히려 정직하고 신선하게 다가오기도 한다.

그러므로 자신이 어느 경우인지를 미리 체크하여 자세를 잘 가

다듬으면 된다.

특히 발표력이 약하다고 생각하는 사람일수록 연습이 최선이라고 믿고 완벽한 준비를 위해 노력하는 경우가 많은데 무대에 오르는 순간 긴장감으로 떨게 되고 실전이 늘 연습과 같을 수는 없기에 의외의 상황이 발생하기도 한다.

이러한 긴장감과 돌발상황에 비교적 잘 대응할 수 있으려면 무엇보다 편안한 마음을 가져야 한다.

청중들이나 평가자는 대개 발표자의 긴장과 떨림에 대해 관대하다는 것을 감안하여 약간의 떨림과 실수는 괜찮다고 생각하여야 한다.

자신이 가진 역량을 믿고 그 역량의 80% 정도만 발휘하겠다는 생각으로 발표에 임하되 너무 잘 하려고 하지 말아야 한다. 잘 하려고 하면 할수록 긴장감이 높아지고 말도 자꾸만 꼬여 준비한 내용을 제대로 설명하거나 보여 주지 못하기 때문이다.

너보다 잘 할 사람은 안 보이는 것 같다

2013 세계전통의약엑스포 개최지 선정 공모 최종 발표를 위해 2010년 6월 어느 날, 서울 한강호텔 내 발표장에는 시·도 관련국장, 시장 군수 등이 속속 집결하였다.

 이를 보고 나는 당시 이재근 군수님께 '오늘 발표가 정말 대단한 것 같습니다. 시장이 직접 발표하는데도 있고 도의 국장이 발표하기도 하는데 제가 가장 졸병인거 같네요.'라고 웃으면서 말했다. 군수님께서는 '하하, 그래도 내 눈에는 박단장 만큼 발표를 잘 할 인물은 안 보이는 것 같다. 무조건 우리가 1등이다.'라고 편하게 응대해 주어 긴장이 많이 해소되었다.

- 물을 너무 마시지 마라, 더 큰 갈증을 부른다

 무대에 서 보거나 발표 경험이 부족한 사람들은 미리 그 상황을 지나치게 걱정하는 사례도 많은데 이는 긴장의 원인이 되므로 마음을 편안하게 가져야 한다.

　자신감이 부족하여 너무 떨거나 긴장하는 경우 청중들 앞에 서면 긴장감이 더욱 고조되어 목이 마르게 되고 마른 목을 적시기 위해 또 다시 물을 마시게 된다. 그러나 물은 금방 삼키게 되어 갈증을 잠시 멈추게 하는 데 그치고 또 다시 심한 갈증으로 침이 마르게 된다. 이런 상황을 극복하려면 평상시 자신의 침이 어느 속도로 분비되는지를 알아둘 필요가 있다.

　발표할 때 침이 부족하여 말이 좀 꼬이기 시작하는 징조가 보이면 말을 너무 빨리 하려고 하지 말고 서서히 속도를 조금 늦춰 가면서 물은 혀를 조금 적실 정도로만 마시고 혀를 입안에 돌려가며 침이 멈추지 않게 하면서 발표를 진행하면 많은 도움이 된다.

　대개 긴장을 잘 하는 사람이 발표속도가 너무 빠르다는 것을 느낄 수 있는데 긴장과 빠른 발표속도로 인해 침이 마르게 되면 그야말로 입이 꼬이고 발음이 부정확해져 중요한 발표를 망치는 가장 큰 원인이 되는 것이다.

　또 무대긴장감이 높은 사람들 중에는 우황청심환 등 강심제를 미리 먹는 사람도 있는데, 이렇게 약이나 음료수에 의존하는 사람은 계속 그런 것들을 찾고 의지하게 되므로 가급적 심리적으로 완전히 극복할 수 있는 마음훈련을 하는 것이 가장 효과적이라 하겠다.

한 번 더 연습하느니 차라리 사우나를

그날 서울 한강호텔에서는 전국의 4개 광역·기초 지자체 컨소시엄으로 구성된 엑스포 유치를 위한 지자체간 사활을 건 최종 발표를 앞두고 먼저 발표 순서추첨이 있었는데 경남도와 산청군 컨소시엄이 마지막인 4번째로 결정되어 1시간 40분 정도 시간이 남게 되었다.

그날 동행한 신현영 당시 담당계장은 나에게 시간이 많이 남으니 자료를 더 읽어 보기를 권유했다.

나는 너무 잘 하려고 하면 긴장되는 법이니 차라리 사우나를 하고 있다가 3번째 발표 들어가기 전에 나오겠다고 한 후, 1시간 정도 한강호텔 사우나에서 피로와 긴장을 말끔히 씻으며 마음을 차분히 가다듬었다.

사우나를 마치고 약 1시간 후에 발표에 임하게 되어서인지 모든 설명이 만족할 만큼 잘 되었고 질의답변도 막힘없이 이루어져 최상의 결과를 가져올 수 있었다.

- 기교보다는 내용에 충실하라

최근에는 발표자료 작성 시 청중의 관심을 높이기 위해 시각적인 효과 부분에 날로 발전된 기능들이 사용되고 있다.

과거 문장 위주의 표현에서 나아가 다양한 그림과 도표를 활용하여 이해를 돕고 있으며 애니메이션 기법, 3D, 동영상을 가미하는 등 실로 다양해지고 있으나 시각적 효과에만 너무 집착하여 내용이 빈약한 자료가 되지 않도록 주의를 기울여야 하겠다.

실제로 공모사업의 제안서를 평가하면서 칼라위주의 화려한 겉모양에 심사위원들이 높은 점수를 주는 착시 효과를 차단하고 내용이 충실한 제안서를 찾기 위해 칼라 제안서와 동영상 기법 등을 제한하는 사례도 발생하고 있는 정도이다.

그러므로 기교는 언제나 내용을 잘 전달하기 위한 보조적 방편으로 활용되어야 한다는 점을 기억해 두는 것이 좋겠다.

발표자료는 발표를 염두에 두고 작성하여야 한다. 행정기관에서 작성하는 자료는 대부분 시책이나 사업의 내용을 대내외에 알리기 위해 작성하지만 문화와 복지 부문의 행정영역과 수요가 점차 확대되면서 이제 교양적인 측면에서 작성되는 경우도 많아지고 있다.

교양적인 내용을 다루는 강의형식의 발표자료는 대개 핵심이 되는 키워드나 사진자료 등을 화면에 띄워 놓고 상세히 풀어가며 설명하면서 관심을 집중하게 하고 청중도 스스로 원해서 듣는 경우가 많아 자발적인 필기와, 녹음 등을 하며 몰입하게 되므로 화면이 문장으로 꽉 차거나 복잡하게 만들 필요 없이 시원스런 전개가 가능하도록 작성하는 것이 좋다.

그러나 시책홍보용이나 사업유치를 위한 발표자료는 교양부문과 달리 기본적인 내용을 충실히 담아야 한다. 추진배경이나 현 실태 분석, 미래예측 등의 이론적 근거나 논리에 부족함이 없도록 기승전결을 뚜렷하게 하여 이해관계자나 심사평가자의 신뢰를 얻어야 한다.

따라서 이런 종류의 발표자료는 다소 문장이 많아질 수도 있겠으나, 그렇다고 하더라도 최대한 간결하게 작성하는 것이 유리하다.

- 지루함을 피하고 차별성을 강조하라

발표하는 스타일을 살펴보면 사람마다 개성이 있지만 화면에 나타난 문장은 짧은데 설명을 장황하게 하는 경우와 문장과 내용은 많아도 설명을 압축하여 짧게 하는 경우 등 대략 두 가지로 요약해 볼 수 있다.

앞서 살펴 본 바와 같이 교양관련 사항은 화면에 보이는 짧고 간결한 내용을 길게 설명하더라도 청중들이 깊이 있는 정보와 지적 탐구욕 등으로 지루해 하지 않을 것이다.

그러나 보고회, 간담회, 공청회 등 행정시책설명이나 사업유치를 위한 발표의 경우에는 대개 지루함을 쉽게 느끼는 경향이 있으므로 내용을 충분히 채워 넣은 자료일지라도 발표는 최대한 압축하여 간결하게 하는 것이 좋다.

왜냐하면 말보다는 시각이 훨씬 빠르므로 화면에 나타 난 정보들을 발표자가 미처 다 말하기도 전에 대부분의 청중들이 눈으로 먼저 읽어 버려 설명이 길어지면 다음 장으로 전환되는 과정이 비록 잠깐일지라도 답답하고 지루하게 느껴지기 때문이다.

특히 전문가 집단을 평가위원으로 하는 사업유치 발표의 경우 장황한 설명은 평가자의 지식을 과소평가하는 것처럼 느끼게 하거나 지루하게 만들어 손해를 보기 쉽다.

그러므로 내용은 짜임새 있고 알차게 꾸며 탄탄한 보고내용이라는 신뢰감을 주는 한편, 핵심적인 내용만을 압축 설명함으로써 평가위원의 눈이 화면을 다 읽고 기다리기 전에 다음 장으로 속도감 있게 전환하는 것이 좋다.

장황한 설명으로 인한 지루함 못지않게 피해야 할 또 한 가지 사항은 처음부터 끝까지 강약이나 템포가 없는 발표이다.

심사평가항목의 대상이 되는 내용들은 발표자료에 다 담아야 규정된 점수를 얻을 수 있으므로 내용과 체계를 모두 갖추어야 하겠으나 지자체마다 사업마다 반드시 그 나름의 여건과 차이가 존재하므로 일반적인 내용은 생략과 압축으로 시간을 절약하여야 한다.

그리하여 독특하고 신선한 차별성을 강조하는 부분에서 시간을 충분히 할애하여 평가위원이나 듣는 사람에게 강한 인상을 남기는 것이 매우 중요하다.

이와 같이 지루함을 피하고 차별성을 위주로 강약을 조절하는 발표가 꼭 필요한 이유는 지자체를 대상으로 컨설팅을 하거나 자문역할을 하는 전문가 집단은 대개 행정을 잘 아는 대학의 관련학과 교수이거나 정부산하단체, 연구기관, 용역회사 임직원들이다.

이들은 평가에 임하기 전에 미리 지자체의 현황과 관련사업에 대한 개략적인 정보를 습득하고 오게 되므로 바쁜 시간을 쪼개어 참석한 자리에서 이미 알고 있는 내용이나 차별성이 없는 장황한 설명은 감점요인으로 작용할 수 있기 때문이다.

- 불리함을 감추지 마라, 반전의 기회다
과거 폐쇄적이던 행정관행은 이제 점차 개방화되면서 상호소통과 투명성이 강조되고 확대되어 가는 추세이다.

그러나 간혹 각종 대화 자료나 공청회, 간담회 등의 자료를 보면 행정기관의 입장에서 서술하거나 행정의 대상이 되는 주민에게 불리한 내용을 감추거나 축소하는 경우를 볼 수 있으며 이로 인해 사업추진의 중간단계에서 행정의 불신현상이 심화되어 사업이 중단되거나 지연되기도 한다.

이런 경우 이미 시작한 사업을 그대로 밀어 붙이기도 어렵고 처음으로 되돌리기도 쉽지 않아 사업추진 전 단계에 투명한 정책설명을 제대로 진행하지 못한 후회와 함께 심각한 후유증을 남기게 된다.

특히 주민과의 대화나 정책설명 자료가 아닌 공모사업유치 자료의 경우에는 지자체가 가지고 있는 장점과 기대효과 등 유리한 내용위주로 작성되고 불리함은 적극 숨기는 것이 관행이 되어 있다.

그러나 소규모 사업 평가의 경우에는 평가관들이 그런 부분을 모른 체 해 주거나 이해하고 지자체의 적극적인 사업의지를 긍정적으로 평가해 주기도 하지만 첨예하게 경쟁하는 대규모 사업의 경우에는 평가결과에 대한 책임의식이 강하게 작용하기 때문에 불리함을 제대로 파악하려고 노력할 수밖에 없다. 이런 경우에는 불리함을 숨기는 전략이 가장 좋지 못한 결과로 이어질 수 있다는 점을 염두에 두어야 한다.

그렇다면 불리함을 스스로 들춰내는 것이 최선일까? 불리함을 있는 그대로 밝히는 솔직함보다 더 중요한 것은 극복방안을 동시에 제시하는 것이다.

심사나 평가에 임하는 사람들은 대개 유리함을 보지 않는다. 경쟁상대가 되는 지자체별 여건과 현황은 대체로 비슷하기 때문에 심사평가자가 우열을 가리기 위한 손쉬운 방법으로 해당 지자체의 불리함을 먼저 살피게 마련이고 감각적으로 이런 부분에 대하여 사전에 알아보는 등 선행 학습이 된 상태로 심사평가에 임한다.

그렇기 때문에 평가자가 이미 알고 있을 것으로 예측되는 불리함을 애써 속이기보다는 먼저 그 극복방안을 명확히 제시함으로써 신뢰성을 높이는 것이 매우 바람직하다. 불리함에 대한 솔직한 이야기와 극복방안에 대한 공감이 이루어지면 그것이 곧 긍정적 평가의 기회가 된다.

불리함을 극복하면 오히려 약이 된다

나는 20분간의 발표를 마치고 질의답변시간에 무선마이크만 들고 발언대를 벗어나 무대 중앙으로 나갔다.

사우나를 마치고 40분정도 발표장 밖에서 대기하면서 발표를 마치고 나오는 사람들의 이야기를 통해 앞서 다른 시군의 발표자는 예상외의 질문에 발언대에서 보조자료를 찾거나 당황해 하였다는 이야기를 잠깐 흘려들었다.

'나는 적어 놓은 답변지가 없고 어떤 질문을 하여도 꾸미지 않고 있는 그대로 답변 드리겠습니다. 우리는 엑스포 유치가 꼭 필요합니다.'는 절박함과 진정성을 내보이는 일종의 퍼포먼스였다. 또한 무대중앙에서 심사위원 한 사람 한 사람과 눈을 맞춰가며 호소하듯이 질문에 대한 답변을 이어갔다.

예상대로 심사위원들의 질문은 산청이 처한 가장 불리한 부분 세 가지, 즉 접근성 불리, 숙박시설 부족, 약초생산량의 부족 등에 집중되었고 나는 불리한 점을 그대로 인정하면서 이를 극복하는 방안을 충분히 제시하였다.

① 산청군이 서울기준으로 접근성이 불리한 것은 사실이나 우리는 아프리카 오지 탐험이나 대륙횡단 여행도 즐겨합니다. 이제 거리나 접근성의 문제는 관광수요자들에게 특별한 장애로 인식되지 못하고 있습니다. 장애는 오직 콘텐츠의 문제입니다.

거리가 아무리 멀어도 우리는 3시간이 길지 않고 즐겁게 달려오게 할 수 있는 확실한 콘텐츠를 채워 나가겠습니다.

② 산청에 호텔이나 콘도가 없지만 대규모 단체손님은 인근 도시의 숙박시설을 충분히 활용하여 경제적 효과의 확산을 기하고 지역의 여관, 펜션, 민박 외에도 사찰, 향교, 서원 등 향토숙박자원을 총망라하여 한국적인 숙박 문화를 선보이겠습니다.

특히 공실률을 최소화하기 위해 국내 최초로 향토숙박자원 통합전산화시스템을 구축하여 언제 어디서나 소비자가 편리하게 예약하는 시스템을 갖춤으로서 지역주민이 한 푼이라도 소득을 올리는 주민 소득위주의 엑스포를 만들어 가겠습니다.

③ 약초생산이 다소 부족하지만 이제 생산보다는 가공 유통이 더욱 중요하므로 이번 엑스포를 통해 생산량보다는 품질에 무게를 둔 명품약초의 브랜드를 육성하겠습니다.

이렇게 육성한 브랜드를 지산지소 차원의 관광과 연계시키고 장차 국내 최고의 한방 약초 힐링 관광지로 발전시켜 고부가가치를 창출하는 6차 산업 선도의 엑스포를 준비하겠습니다.

④ 여기에 더해 이 재근 군수님께서 직접 발언기회를 얻어 엑스포의 성공을 위해 산청군의 사활을 걸고 뒷받침하겠다는 마무리 약속을 하심으로써 진성성과 의지를 더욱 확고히 하였다.

이날 합동발표는 매우 엄격하게 진행되어 심사위원들은 발표 내용에 대해 박수나 야유 등의 의사표현을 할 수 없도록 규정되어 있었다.

그럼에도 불구하고 가장 불리한 세 가지 항목의 답변에서 모두 심사위원들이 감동한 가운데 자발적인 박수를 보냈고 결국 최종 프레젠테이션은 최고등급인 S등급 평가를 받았다.

태도와 표정의 핵심

- 진정성으로 승부하라
프레젠테이션을 능숙하게 잘 하는 것보다 더 중요한 것은 듣는 사람으로 하여금 발표자의 진정성을 느끼게 하는 것이다.

심사평가자들은 대체로 피 평가 기관의 현황을 어느 정도 알고 오기 때문에 무엇보다 중요하게 보는 부분은 해당사업을 하고자 하는 의지와 열정이다.

이러한 부분은 수치화 계량화를 기반으로 하는 정량적 객관적

평가영역이 아니고 소속 기관장이나 담당공무원의 정성적인 면을 주관적으로 평가하는 부분이기 때문에 의욕과 열정을 보이는 것이 매우 중요하다.

그러나 모든 분야에서 지나치게 의욕을 보이는 것보다 일정한 부분에서는 겸손한 마음으로 부족함을 인정하고 '부족하기 때문에 지원해 주면 더 열심히 해 보겠다.'는 자세로 진솔하게 접근 하는 것이 좋다.

- 시선을 피하라, 시선을 마주쳐라
공무원으로 임용되어 대중 앞에 나서게 되면 경험부족과 긴장감으로 떨리게 된다. 마치 자신만이 모자라서 그런 것처럼 생각하는 사람들도 있겠으나 이는 대부분의 사람들이 겪어 가는 하나의 과정일 뿐이다.

따라서 경험이 부족한 시기에는 청중들과의 눈 맞춤이 긴장감을 더욱 높이게 하므로 청중 전체를 바라보되 개인 개인 간의 직접적인 시선은 가급적 피하는 것이 긴장감을 덜어내는 데 도움이 된다.

그러나 중견공무원으로 성장하여 중요한 발표에 임하게 되면 사정은 달라진다.

행정의 사업정보나 계획을 전달하고 공감을 이끌어 내야 하는 발표거나 국가의 지원사업을 유치하기 위해 공모절차상 발표를 하게 되는 경우라면, 무엇보다도 청중이나 평가자들과 일일이 시선을 마주쳐 가며 설명을 하는 것이 좋다.

왜냐하면 시선을 마주치지 않는 발표는 발표자가 아무리 열심히 설명을 해도 자신감이 없어 보이고 의지와 열정이 부족해 보이며 종합적으로는 진정성이 결여된 것처럼 보이기 때문이다.

따라서 중요한 발표일수록 충분한 준비를 거쳐 자신감을 확보한 후 청중이나 평가자들과 일일이 시선을 맞추어 가며 설명함으로써 말과 더불어 눈으로도 호소해 나가는 것이 중요하며 이렇게 하면 반드시 듣는 사람의 마음을 얻어낼 수 있을 것이다.

또한 평가기관이나 행사 주최 측에서 미리 정해 놓은 회의장소가 아니고 발표자 측에서 회의장소를 준비하게 되는 경우라면 가급적 화면을 등지고 청중이나 평가자들의 앞에 서서 듣는 사람들의 표정을 살피고 눈을 맞추어 가며 설명하는 것이 효과적이다.

이와 반대로 발표력이 약하거나 발표내용에 자신이 없어 시나리오에 의존하며 청중들과 화면을 같은 방향으로 보아가면서 설명하는 것은 발표자와 청중이 상호 교감하기 어려운 가장 좋지 않은 형태의 발표 방식이므로 가급적 피하는 것이 좋겠다.

인사말씀 작성과 연설하기

기존의 자료를 잘 활용하라

나는 공무원생활 초년시절인 9급부터 7급까지 자치단체장을 가까이서 보좌해야 하는 업무 담당 부서인 군청 행정과 행정계에 근무하였고, 그 기간 동안 7명의 단체장이 거쳐 가게 되었다.

당시에는 민선이 아닌 관선단체장으로서 중앙정부에서 임명한 공무원 출신이었고 대부분 1년이나 2년 정도 근무하였다.

그러므로 지역사정에 어두운 것은 당연하였고 당시 내무부(지금의 행정자치부) 출신 계장(사무관)이 주로 군수로 임명되었는데 줄곧 중앙에서 행정실무를 보신 분들로서 행사나 의전에 어둡고 연설에도 취약하였다.

따라서 어느 행사를 막론하고 거의 모든 행사는 사전에 연설문이나 행동요령 등을 작성해 드리고 담당직원들이 따라 다녔다.

그 당시 관선단체장 나름대로 개성이 있고 행사와 의전, 연설 등에 감각이 뛰어난 분이 있는가 하면 그야말로 바짝 붙어 있지 않으면 실수할까 불안한 분들도 많았는데 비교적 안정적인 활동을 하신 분들 중에는 직원들이 준비해 준 자료를 잘 활용하신 분들이 아닌 가 싶다.

이와 같은 자료나 시나리오는 행정내부의 축적된 경험을 바탕으로 지역사회의 관행과 여건 등을 종합적으로 고려하여 작성하므로 비교적 지역사회 구성원들이 편하게 받아들이고 공감할 수 있는 표준에 가깝다고 할 수 있다.

그럼에도 불구하고 어떤 단체장은 이를 거부하거나 변형시켜볼 생각으로 간혹 예외적인 지시를 내리기도 하였는데 그런 경우 대개 행사가 끝나고 나면 좋지 못한 여론이나 불만이 표출되었다.

사려 깊은 단체장은 직원들이 마련해 준 연설문이나 대화 자료를 충실하게 인용하고 앞이나 뒷부분에 자신의 생각을 추가로 언급하면서 마무리하는 분도 있었다.

반면에 어떤 단체장은 자신의 생각을 가미시켜 보려고 수정에 수정을 거듭하다 보면 문맥이 흐트러지고 나중에는 애초보다 더 못한 내용으로 바뀌는 사례도 자주 발생하였다.

이처럼 공무원으로서 오랜 경험과 관록이 붙은 단체장의 경우에도 실무공무원들의 경험이 바탕이 된 자료를 소홀히 하여 실수를 한다는 점을 가정해 본다면 경험이 부족한 신참 공무원의 경우 더욱 관련 자료를 잘 활용하여야 실수를 줄일 수 있을 것이다.

이와 같이 공무원 조직 내에는 오랜 기간에 걸쳐 축적된 말씀자료, 사회 시나리오, 회의 진행법, 연설문 등의 자료가 있으며 이를 잘 활용하는 것은 공무원의 직무에 있어 비교적 중요하게 취급되는 행사와 의전업무를 잘 하기 위한 매우 유용한 수단이 될 것이다.

시나리오를 버려라, 임기응변이 안 된다

앞서 공직 내부에 이미 축적되어 있는 기존자료를 잘 활용하는 것이 실수를 줄이는 방법이라는 이야기를 하였는데 이제 어느 정도 행사와 의전에 익숙해지면 그런 자료나 시나리오를 참고한 후 버려야 한다.

물론 국가기념일이나 공식적인 행사 등 절차와 형식을 중요하게 여기는 행사의 경우에는 그 형식에 맞게 미리 작성한 연설문과 발표문 등을 예를 갖추어 낭독하는 것이 옳겠지만 시나리오에 너무 의존하면 행사진행이나 발표 등이 부드럽지 못하고 경직될 우려가 많다.

시나리오에 의한 낭독발표에 익숙해져 있는 사람들은 중요사업

발표에 가령 30분이 배정되어 있다가 주최 측의 사정으로 발표시간의 분량을 20분으로 줄여 달라는 등 갑작스런 변경이 가해질 경우 당황하여 제대로 발표하지 못하는 사례도 있다.

게다가 앞서 언급한 경직성은 물론 듣는 사람들과 일일이 시선을 맞추어 반응을 살펴 가면서 진정성을 호소해야 하는데도 원고를 쳐다보고 낭독하는 한계로 인해 좋은 평가를 받거나 청중들의 공감을 얻기가 매우 어렵다.

특히 질문이 수반되는 공모사업 유치발표와 다양한 토론이 이어지는 공청회 등의 경우에는 미리 준비된 시나리오는 숙지하여 참고만할 뿐, 너무 기대게 되면 다양한 질문과 예상을 벗어난 토론에 신축적으로 대응하기 어렵다.

따라서 자료나 시나리오 등을 기본으로 하되 항상 임기응변이 가능하도록 주제와 관련한 폭넓은 자료를 미리 숙지하도록 노력하고 시나리오에 너무 의존 하는 습관을 버려야 한다.

미사여구보다 핵심키워드를 활용하라

공무원 초년시절에는 대중 앞에서 인사를 할 기회가 별로 없겠지만 경력이 쌓이고 직위가 높아지면 그런 기회가 자주 있게 되고 읍면동장이나 사업소장 등 기관을 책임지는 위치에 서게 되면 대화나 연설도 매우 중요한 업무가 된다.

기념사나 추념사 등 연설문을 미리 작성하여 검토과정을 거친 후 행사시 그대로 낭독을 할 정도로 격식 있는 행사가 아니라면 대체로 지자체의 행사 연설문은 그 취지와 참석자를 고려하여 가볍게 작성하게 되는데 대략 세 부분으로 압축되는 일정한 틀을 가지게 된다.

처음 운을 떼는 도입부에는 행사참석자와 관계자들에게 인사와 함께 고마움을 표시하고 본론에 들어가면 행사취지와 의미, 발전방안 등을 언급하고 마지막으로 관계자 노고격려 및 참가자 모두의 건강과 행운을 기원하는 덕담 등을 하게 된다.

이러한 연설문을 작성하는 담당직원은 최대한 상황에 맞는 인사가 될 수 있도록 잘 작성하여 상사나 단체장을 보좌해야 하겠다.

그러나 자신이 직접 그 연설을 행하는 위치에 서게 되면 미리 준비되어 있는 연설문을 그대로 낭독하는 것보다는 자연스럽게 원고 없이 말할 수 있도록 규모가 작은 모임부터 익숙함을 길러 나가는 것이 장기적으로 연설을 잘 할 수 있는 지름길이라 하겠다.

또한 인사말을 너무 잘 하려거나 길고 미려한 문장으로 다듬어 말하려 하지 말고 주최, 주관자의 이름과 핵심 키워드만을 기억하고 단문으로 이를 풀어 가며 원고 없이 행할 수 있도록 공무원 초년시절부터 크고 작은 행사시 꾸준하게 연습해 나가는 것이 필요하다고 하겠다.

멋지고 장황한 인사보다 상황에 맞는 인사가 더 좋다

노인과 장애인들의 체육대회나 이어지는 행사의 시간이 촉박한 경우, 단체로 출발하는 관광버스를 대기시켜 놓은 경우 등에 초청되어 불편한 분들을 세워 두거나 지루하게 하면서 긴 연설을 하는 것은 매우 바람직하지 못한 처사이므로 최대한 짧은 연설로 호응과 박수를 받을 수 있는 재치와 지혜가 필요하다.

행사를 주관하거나 초청을 받아 꼭 하고 싶었던 인사말을 잘 준비한 경우이더라도 상황에 맞는 연설이 가장 훌륭하고 멋진 인사이다.

추운 겨울날 또는 더운 여름날 냉난방 시설이 부족한 회의장이나 운동장에서 너무 길게 연설하거나 연단에 오를 연사가 많이 있는 경우에는 짧고 강한 연설을 하거나 아예 연단에 오르기를 사양해 보는 것도 긴 연설 못지않게 좋은 이미지로 오래 기억에 남을 것이다.

의전과 행사업무, 일찍 배우는 게 좋다

　공무원이 익혀 두어야 할 분야의 업무들 중에 주요행사의 기획과 의전 등 공통분야는 중앙정부나 지방자치단체의 지침이나 매뉴얼이 대부분 정해져 있고, 기획실무, 의전 및 행사실무 등 관련 전문 서적도 많다.

　그러나 이러한 지침과 매뉴얼 및 전문서적에서는 가장 기본적이고 공통된 방향을 제시하거나 국가기념일 의전행사와 같이 큰 행사 위주로 다루고 있어 지방행사의 모든 경우에 일일이 적용할 수 없는 한계가 있다.

　특히 지방의 경우는 중앙정부의 행사와 같이 엄격한 관리체계를 갖추기 힘들어 행사계획이 집행단계나 행사 시작 직전에 수정되거나 참석자가 변경되는 사례도 흔하게 발생한다.

그간의 공직생활 경험을 통해 비춰보면 지방의 행사기획이나 의전은 늘 살아있는 유기체와 같이 수시로 변해 처음의 기획이나 의전대책 등이 끝까지 그대로 이어지는 절대의전은 거의 없다는 것을 실감하였다.

예를 들면 가장 중요한 초청인사가 행사개시를 앞두고 갑자기 불참을 하는 경우 그 다음 다음 주요초청자의 자리가 연쇄적으로 달라지는 경우도 있고, 맑은 날 갑자기 소낙비가 내려 행사진행에 영향을 끼치기도 한다.

이런 경우를 대비하여 상황별 후보계획과 우천 시 대책 등을 수립하여 시행하지만 예측하지 못한 상황은 늘 발생하기 마련이며 갑자기 달라진 부분을 즉시 수정 보완하는 순발력과 임기응변에 따라 의전과 행사의 성패가 엇갈리게 된다.

그렇다면 공무원으로서 많은 사람들에게 쉽게 노출되어 업무능력을 평가받게 되는 가장 중요하고 가시적인 분야인 행사와 의전 업무를 잘 처리하고 예기치 못한 상황에 신속히 대응하는 순발력과 임기응변을 갖추기 위해 평소 관심을 가져야 할 몇 가지 방법을 생각해 보자.

의전에 관심을 가져라, 의전은 어디에나 있다

공무원이 각종 행사에 참여하는 방식은 대략 세 가지의 경우이

2013 산청세계전통의약엑스포 개막식 장면

다. 첫째는 직접 그 행사를 담당하는 경우이고, 둘째는 행사에 도움을 주기 위해 차출되어 보조자로서 종사하는 경우이며, 셋째는 좌석을 채우기 위해 단순 동원되는 경우이다.

대체로 신규공무원시절에는 각종행사의 보조자 또는 좌석을 채우기 위해 동원되는 기회가 잦다. 어떤 사람은 지시에 의해 어쩔 수 없이 참여한 행사로 매우 소극적인 모습을 보이기도 하고 또 어떤 사람은 자신의 담당업무가 아니라도 그 행사에서 배울 수 있는 점을 찾아내려고 애쓰기도 한다.

공무원으로서 수행하게 되는 행사는 그 종류를 헤아릴 수 없이 많고, 규모나 형식도 일정하지 않다. 국가기념일 등 비교적 행사지침이 명확하게 정리되어 늘 하던 방식대로 개최하는 경우도 있지만 지역사회의 사정에 따라 기공식, 준공식, 결의대회, 유치대회, 문화공연 등 일회성 행사가 수시로 개최되고 일주일정도 계속되는 지방축제나 한 달 이상 장기간의 관리가 지속적으로 필요한 엑스포 등 국제행사도 있다.

매년 시기적으로 반복되는 행사는 대체로 일정한 지침이나 매뉴얼이 있어 예전에 해 왔던 대로 시행하면 되지만 한 번도 해 보지 못한 신규 행사의 경우에는 참석대상자 선정 및 의전과 행사내용 등에 있어 특별한 관례가 없기 때문에 가급적 유사성이 많은 행사의 경우를 참고하여 현실에 맞게 조정하게 된다.

이렇게 예전행사나 유사행사를 참고하여 신규행사를 계획하고 조정하는 감각과 능력은 신규공무원 시절부터 눈여겨 보아온 행사보조나 참석 경험이 매우 소중하다. 또한 다음에 언급하게 되는 융통성과 응용능력은 행사를 목전에 두거나 진행과정에서 발생하는 미처 예기치 못했던 긴급한 상황에 대처하기 위한 것으로서 무엇보다 순발력이 요구된다.

 이러한 순발력도 수많은 행사경험에서 비롯되는 것이므로 의전과 행사업무는 가급적 일찍부터 관심을 가지고 배워 나가는 것이 좋을 것이다.

기본에 충실하라

 지자체에서 주관하는 각종 행사는 거의 대부분 그 행사를 주관하는 부서마다 일정한 매뉴얼을 가지고 있다. 따라서 우선은 전혀 경험해 보지 못한 행사업무를 새로 맡게 되었을 때 당황하거나 두려워하지 말고 문서보관함을 이용하여 예전 행사의 사례를 연구하고 부족한 부분은 전임자를 통해 관련 자료를 받거나 경험을 배워 나가는 것이 매우 중요하다.

 행사경험이 부족한 상태에서 자칫 자의적인 판단으로 실수를 하게 되면 기존의 질서와 관행에 비추어 혼선이 뒤따르게 됨은 물론, 행사나 의전업무는 한번 진행되고 나면 일반 서류나 업무처럼 수정하거나 되돌릴 수 없는 부분이므로 심각한 후유증을 남기게 된다.

 따라서 경험이 부족한 시기에 처음 접하게 되는 행사와 의전업무는 최대한 기본에 충실함으로써 사소한 잘못이 있더라도 큰 후유증은 남기지 않도록 하는 것이 좋겠다.

절대기본은 없다

어느 정도 공직경험이 쌓이고 나면 행사와 의전업무의 준비와 수행과정에서 미흡한 부분이 눈에 들어오기 시작한다.

행사계획을 받거나 결재를 하는 순간 부족한 부분이 보이기도 하고 결재 이후에 준비하는 과정에서 보이기도 하는데 행사는 대부분 처음 계획대로 진행되기보다는 항상 유동적인 것이므로 계획 수립 이후 행사시까지의 변화를 염두에 두고 지속적으로 관리하여야 한다.

예를 들면 장기예보를 감안하여 맑은 날로 예정하였던 행사가 개최일이 임박하면서 우천이 예상되는 경우나, 냉난방대책이 필요 없을 것으로 예상하였지만 갑자기 혹서나 한파가 닥치는 경우, 또는 집중호우나 태풍 등 예기치 않은 일들이 발생한다는 가정 하에 준비를 해 나가야 한다.

날씨의 문제가 아니더라도 주요 참석 인사의 변동은 행사의 격을 조정하거나 진행순서 자체를 수정하는 경우가 많으므로 행사 직전까지 변동이 있을 수 있다는 긴장감으로 행사를 관리해 나가야 한다.

특히 대형 이벤트 시 VIP가 참석하는 것으로 모든 경호와 의전 계획이 수립되었다가 참석하지 못하고 장차관이 대신 참석하는 경우는 처음부터 VIP가 참석토록 계획되어 있었던 경호 및 의전과는 현격한 차이가 있다.

또한 주요 참석 인사는 반드시 사전에 파악을 하겠지만 행사 시작 직전까지도 변화가 있을 수 있고, 의전서열이나 격이 높은 사람이 불참한 경우 또는 오지 않기로 한 초청자가 온 경우 등에 따라 좌석배열도 순차적으로 달라질 수 있다는 점을 염두에 두어야 한다.

이처럼 행사와 의전은 기본에 충실하되 수없이 많은 변화가 있다는 점을 감안하여 언제라도 신축적으로 대응할 수 있는 융통성을 가지고 순발력 있게 대응해 나가야 비로소 완벽한 마무리가 가능할 것이다.

개막식이 한창 진행 중인데 갑자기 폭우가 내려

산청세계전통의약엑스포 개막식이 2013년 9월 6일, 외교사절과 장·차관 및 전통의약관련분야의 세계적 석학 등이 참석한 가운데 성대하게 개최되었다.

개막식을 마침과 동시에 주요내빈들은 동의보감촌 특설무대에서 시작하여 8개 전시관을 도보로 시찰토록 동선계획이 수립되어 있었는데 개막식 도중에 갑자기 구름이 몰려 와 소낙비가 내리기 시작하였다. 이제 10분 후 개막식을 마치면 전시관을 둘러보아야 하는데 빗방울이 점차 굵어져 당초의 도보이동수단과 8개관을 돌아보는 동선계획은 긴급한 수정이 필요했다.

그러나 수정을 위한 의사결정에 관여 할 조직위원장, 재단이사장, 집행위원장 등이 모두 식장에 앉아 있어 수정계획을 의논할 수가 없었다. 긴박한 순간에 누군가는 결단을 해야 했다. 나는 애써 준비한 8개 전시관을 내빈들에게 모두 보여주지 못하는 아쉬움과 금방이라도 비가 그치면 도보순방이 가능할 텐데 라는 기대감이 교차하며 순간적인 갈등을 하였다.

그러나 이내 버스투어가 불가한 2개의 전시관은 보여주지 못하는 아쉬움을 접고 도보 투어 계획을 버스투어로 수정하는 것이 옳다는 판단으로 대행사와 무선으로 협의하여 장내의 버스 2대를 개막식장 무대 옆 최근접지로 신속히 이동 대기시키게 하였다.

개막식 종료와 버스 도착은 거의 동시에 이루어질 정도로 긴박하였으나 내빈들은 개막식 종료와 동시에 흐름이 끊기지 않고 버스로 승차하여 조직위원회의 미리 준비된 계획으로 이해하게 되었고 혼란이 예상되었던 전시관 투어 의전행사를 우왕좌왕 하지 않고 성공리에 마칠 수 있었다.

만약 이런 긴박한 사태가 발생한 경우 의사결정과정의 형식과 절차에 너무 집착하거나 행사의 흐름을 총괄적으로 숙지하여 다음 단계를 미리 체크하고 관리해 나가는 총괄관리자가 없다면 모두가 자기 책임이 아니기 때문에 나서지 못하게 되고 결국 해결할 수 있는 타이밍을 놓치게 될 것이다.

의전서열과 관행을 모두 감안하라

지자체의 행사는 대부분 나름대로의 형식과 절차를 거쳐 준비하고 일정한 매뉴얼에 의해 진행된다. 중앙정부나 광역지자체의 행사지침이나 권고 등의 기준이 있을 수 있고, 오랜 시간 되풀이 하면서 굳어온 관행적인 부분도 있다.

또한 중앙행정기관에서 발행한 의전지침이나 행사운영 요령 등을 보면 정식으로 개최하는 경우와 약식으로 개최하는 경우의 식순이 있고, 주요인사의 좌석 서열도 중앙행정기관의 직제 순에 의거 배치하도록 되어 있다.

그러나 지자체의 경우에는 이러한 지침이 상황에 따라 일부 변형되기도 하고 중앙행정기관의 직제에 견주어 자리 배치를 하기 어려운 지역인사도 있어 자주 논란거리가 되기도 하는데 이런 경우 너무 의전서열을 고집하기보다는 관행을 동시에 살피는 유연함이 필요하다.

왜냐하면 각종 지방행사의 경우 참석자들의 의전과 행사진행에 대한 만족도는 대부분 예전에 자신이 참석해본 유사행사의 경험과 관행에 비추어 평가하는 측면이 매우 짙기 때문이다.

노인회장님을 어디에 모실까요?

노인회장을 초청한 행사에서 관례대로 기관단체장 위주로 의전 서열을 따지다 보니 노인회장의 자리가 뒤로 밀렸다면 초청하지 않은 것보다 더 큰 후유증을 남기게 된다.

노인과 관련한 행사라면 당연히 가장 중요한 위치에 자리를 배치하는 것이 좋고, 노인회와 관련이 없는 단순 초청의 경우라도 일단 초청을 하였다면 어른을 공경한다는 메시지를 줄 수 있는 자리배치가 필요하다.

테이프 커팅 시 어린이의 위치는?

나는 2013 산청세계전통의약엑스포 개장식 테이프 커팅에 신선한 이미지를 더하기 위해 남녀 초등학생을 동참시키는 것이 좋겠다는 아이디어를 건의하여 산청초등학교 학생 2명을 초청하게 되었는데, 기획부에서는 이들 초청자를 어디에 세우면 좋겠느냐고 내게 물었다.

나는 초등학생을 통해 한의약의 젊은 미래를 상징화하고 어느 누구도 초등학생과 견주어 의전서열을 따지지 않을 것이라는 판단으로 당시 이재근 군수(재단이사장)님께 보고한 후 다른 기관장님들을 다소 옆으로 안내하고 중심 자리인 군수님 양 옆에 세워 돋보이게 했다.

남녀 어린이가 세계엑스포 개막식 가장 중앙에 위치하여 테이프 커팅을 하고 있는 장면

그 결과 어린 학생들을 양념차원이 아닌 미래 한의약의 진정한 주인공으로 삼아 진행한 테이프 커팅식이 다른 행사에 비해 한층 밝고 신선했다는 호평을 받았다.

열과 횡이 많을 때는 선거직, 임명직 좌석을 분리하라

규모가 큰 행사의 좌석을 배열하다 보면 항상 맨 앞줄의 좌석 배치가 고민거리가 된다.

대부분 무대에서 바라볼 때 왼쪽 첫 자리나 중앙부분에 주관기관단체장이 앉고 나면 의전원칙이나 관례상 다른 내빈이 그 옆에 차례대로 앉는다.

그러나 선거직과 임명직이 한 줄로 섞여 앉게 되면 서열이 불분명해지고 매우 어색한 경우가 발생하게 되며 제대로 대접받지 못해 서운하다고 느낀 기관단체장은 의전 상 소홀함을 질책하기도 한다.

이러한 경우를 감안하여 무대에서 객석을 보고 중앙을 기준으로 통로를 확보하고 양쪽으로 좌석배치를 균형 있게 한 다음, 왼쪽으로 전개되는 첫 자리에는 주관기관단체장이 앉고 순서대로 장관, 도지사, 시장, 군수 등이 앉도록 한다.

다음에 오른쪽으로 전개되는 첫 자리에는 지역구의 국회의원, 군의회의장 등이 앉고 다음에 차례로 타지역구 국회의원이나 도의원 등을 앉게 하면 비교적 무난한 자리배치가 된다.

특히 이와 같은 방식으로 선거직과 임명직을 구분 배치하여 서로 섞이지 않게 하는 것은 의전도 편해지고 국회와 광역 및 기초의회의 서열과 기관단체장의 서열을 내빈들 스스로 인정하고 따르게 하는 것으로서 선거직과 기관장이 서로 한 줄에 배치되어 발생하기 쉬운 서열의 혼란과 불평을 예방하는 방편이 되기도 한다.

복잡한 서열, 원탁이나 ㅂ 구 자 배열로 해결하라

지방행정의 대상과 영역이 다양화 다변화되어 행정과 민간의 혼합양식을 띠거나 그 중간부분에 해당되는 형태의 출자 출연기관단체나 법인설립 등이 확대되고 있다.

따라서 단체장이 우월적 지위를 가지고 진행하는 회의와 달리 사단법인, 재단법인 등의 이사회는 각기 규정되어 있는 정관이나 운영규정 등에 따라 개최함으로써 참석자들의 서열을 정하기 애매하다.

이러한 경우의 회의장 배치는 원탁으로 하거나 원탁이 없어 곤란한 경우는 사각 탁자를 활용하여 입 구(口) 자 모양으로 배치하는 것이 좋다.

내용적으로는 단체장이 출자출연기관장으로서의 지위를 가지고 회의를 주재하겠으나 형식적으로는 별개의 독립적인 법인격을 갖춘 법인의 회의임을 감안할 필요가 있다.

이밖에도 다수의 기관단체와 민간사회단체 등 회의 참석자가 다양하여 의전서열을 정하기 어려운 경우에도 원탁이나 입 구 자 배열은 하나의 방편이 될 수 있겠다.

총괄진행책임자가 되어야 한다

1) 외부전문가를 활용은 하되 다 믿지는 마라

흔히 행사를 진행하다 보면 단위업무를 담당하는 사람은 많은데 전체를 아는 사람이 드문 경우를 볼 수 있다. 현장에서 불시에 궁금한 사항이 발생하여 물어 보면 대개 자기 소관이나 임무 외에는 답변을 하지 못하거나 어디 가서 누구에게 물어보라는 대답도 시원스레 하지 못한다.

특히 규모가 큰 행사로서 외부전문가에게 행사 전체를 대행시키는 경우 공무원들은 긴장을 늦추거나 아예 자신의 일이 아닌 것처럼 관심을 갖지 않는 경우가 많은데 이는 주로 담당공무원의 책임감 결여의 원인도 있지만 더 큰 원인은 외부전문가를 너무 믿는 관행 때문이다.

그러나 큰 행사를 직접 시행하거나 위탁시행 하거나 그 형식에 관계없이 정해진 행사를 잘 수행하여야 하는 최종적인 책임은 행사 주최 측과 담당공무원에게 있으므로 외부전문가를 최대한 활용하되 100% 의지하거나 너무 믿으면 안 된다.

대체로 외부전문가는 담당공무원의 추가 주문이 없을 경우 마땅히 용역의 범위에 해당하는 부분에 대하여만 세심하게 관심을 가지며 용역 외의 흐름에 대하여는 의사결정권한이 없기 때문에 무관심하다.

더 큰 문제는 미처 예상하지 못한 사건 사고나 긴급한 개선대책이 필요한 사안이 발생하더라도 담당공무원의 지침을 받지 않고는 잘 움직이지 않는 것이 용역회사의 기본적인 생리이다.

2) 누가 총괄진행책임자가 되어야 하나

그러면 누가 행사의 총괄책임자가 되어야 하는가? 어떤 행사든지 행정기구와 직제상 총괄책임자는 항상 정해져 있다. 어쩌면 책임자가 당연히 정해지는 바로 이것 때문에 행사가 실패하는 경우가 자주 발생한다.

행정조직의 직제에 따라 당연히 총괄책임자가 되는 사람이 행사 마인드나 성의 부족으로 당해 행사를 등한시 하거나 용역회사를 너무 믿고 방임하는 경우가 흔히 있는데 이런 부류의 상사들은 대개 사건·사고가 발생하면 그제야 용역회사나 부하직원들을 질책한다.

또한 모든 것을 자신이 신경을 쓰는 척 단체장과만 어울리고 실무 직원들의 애로와 사기진작에 관심을 갖지 않는 경우 그 아래 공무원들도 자기 분야만 잘 챙기면 된다는 소극적인 자세로 임하게 되어 조직 내 그 누구도 전체를 체크하는 총괄책임자의 역할을 수행하지 못하게 된다.

이런 경우를 감안 해 보면 총괄책임자는 마땅히 그 행사의 주관 부서장이나 직위가 부여 된 자가 되어야 하겠으나 자신이 속한 부서의 상사가 그런 역할을 게을리 하는 경우라면 담당이나 담당자가 총괄책임자 역할을 하여야 한다.

각기 분야별로 완벽하게 세분화 된 역할을 톱니바퀴처럼 유기적으로 움직이는 조직 전체에 나누어 부여했다 하더라도 공무원 중 누군가 한 사람은 반드시 행사의 전체를 관장하여 흐름을 꿰뚫어 보고 단계 단계의 문제점을 한 템포 앞서 점검해 나가야 한다. 그래야 용역회사도 능동적으로 움직이게 되고 불시에 닥치는 사안들에 대해 중심을 잡고 상의 할 창구와 대상이 생겨 의사결정이 빨라지며 성공적인 결과에 이르게 된다.

자신이 직급이 낮아서, 권한이 없어서라며 한발 빼지 말고 담당자거나 담당이거나에 관계없이 전체를 바라보는 총괄관리자의 안목과 역할을 키워 능력을 발휘해 나간다면 행사도 성공하고 한층 더 성숙한 공무원으로 거듭나게 될 것이다.

베테랑 사회자의 실수

산청세계전통의약엑스포 조직위원회 발대식이 2011년 2월 서울 플라자 호텔 대연회장에서 외국대사와 장관, 국회의원, 행사조직위원장 겸 경남도지사, 재단이사장 겸 산청군수, 한국관광공사 사장, 홍보대사 이순재 탤런트 등 주요인사 700여 명이 참석한 가운데 성대하게 개최되었다.

발대식 준비는 서울 소재 용역회사에 대행을 맡겼고 사회는 대한민국 최고의 입담을 자랑하는 이상벽 아나운서가 맡았는데, 행사 시작 30분 전에 도착하여 사회 시나리오를 꼼꼼히 살필 여유가 부족하였다.

나는 조직위원회에서 미리 작성한 사회 시나리오를 보여 주며 열심히 설명을 하고 그는 경험이 많은 대사회자답게 짧은 순간에 자신의 구어체 스타일에 맞춰 시나리오를 굵은 사인펜으로 수정해 나갔다.

곧이어 행사는 시작되었고 나는 대행사가 운영하는 컨트롤박스 앞에서 진행상황을 지켜보고 있었다. 그런데 사회 시나리오의 급하게 덮어 쓴 굵은 글씨로 가려진 부분에서 혼동이 있었는지 대사회자께서 순서 하나를 거른 채 다음 단계로 넘어 가고 있었다. 대행사에서는 영접, 무대, 음향, 마이크 전달, 코사지 담당 등 잘게 쪼개진 각자의 역할에 충실하면서 사회자를 너무 믿은 탓인지 아무도 진행 체크는 하지 않고 있었다.

2013 산청세계전통의약엑스포 출범식에서 사회를 보고 있는 이상벽 아나운서

초 단위를 다투는 긴박한 순간에 나는 무대 앞으로 나가 눈짓으로 교감하며 사회자와 짧은 대화를 했다. 이상벽 아나운서는 대사회자의 경륜과 능숙한 솜씨로 다음 순서에 불러냈어야 하는 홍보대사를 좀 더 무대에 세우는 유머와 몸짓으로 어색한 국면을 지혜롭게 돌파하였다. 등줄기를 싸하게 내려가는 긴장과 오싹함이 사라지는 순간이었다.

제4장
지역을 바꾸는 공무원

공무원이 중심이다

흔히 대형사고가 발생하면 공무원 조직이 항상 질책의 대상이 되어 언론과 국민에게 뭇매를 맞는다. 사건·사고의 원인을 분석해 보면 필연적으로 인허가 과정이나 안전관리상 미숙한 행정이 발견되고, 대책을 추진하는 과정에서도 시일이 지연되거나 일사불란하지 못해 허점이 발견되는 경우가 많다.

공무원은 당연히 이러한 사건·사고를 최소화하여 국민의 생명과 재산을 보호할 책무를 가지므로 그 질책이 아무리 억울하고 고통스럽더라도 감내할 수밖에 없을 것이다. 또한 공금횡령과 뇌물수수 등 부정비리와 관련한 뉴스도 자주 발생하여 국민을 실망시키고 전체 공무원 조직의 명예와 자긍심을 실추시킨다.

이와 같은 사례들을 감안해 볼 때 사회 전체의 시스템을 한층 더 안전하고 성숙하게 바꿔 나가야 하는 문제나 부정비리가 없는 청렴

한 공직사회 구현이 아직은 요원하다고 하여도 공무원 조직만큼 순수하게 지역과 나라를 사랑하는 조직은 아마 없을 것이다.

세간에서는 공무원들이 가장 세상을 모르는 사람들이라는 우스갯소리도 회자된다. 세상을 모른다는 이야기는 경제를 모른다는 이야기 일 테고 이는 곧 대다수의 공무원들이 기업이나 자영업 등의 다른 집단에 비해 사적 이익을 추구하지 않고 공조직 내에서 순수하게 맡은 바 공무에 전념한다는 뜻이기도 하다.

대형사고와 크고 작은 부정비리사건이 터질 때마다 국민들이 공무원 집단을 도매금으로 한꺼번에 싸잡아 질타하고 분노하는 것처럼 공무원들도 국민들과 같은 마음으로 안타까워하고 극히 일부의 잘못된 부정비리로 인해 공무원의 자긍심이 무너지는 것에 대하여 더 크게 마음 상한다. 그러면서 공무원 조직은 대다수가 묵묵히 제 자리를 지키며 지역사회와 나라를 위해 맡은 바 직무를 성실하게 수행하고 있다.

그러므로 국민의 시각으로 볼 때 현재의 공무원 조직 일부가 여전히 아쉬움을 남기고 있다 할지라도 공익을 위해 일하는 집단으로서의 기능과 역할은 세상 그 어떤 기업이나 조직보다 낫고 훌륭하다 할 것이다.

왜냐하면 이윤을 추구하는 기업과 집단의 이익을 위해 존재하는 사조직 등이 사회를 위해 공헌하는 일이 있을 수 있고 특정 분야에서 모범이 되는 사례도 많지만, 그것은 대부분 기업과 사조직의 홍보와 발전을 위한 활동으로서 단편적이고 일시적일 수밖에 없다.

이처럼 기업과 사조직은 국가와 지방자치단체 등 공무원 조직의 역할을 결코 오랜 기간 또는 완벽하게 대신할 수는 없다. 따라서 사기업과 달리 나라와 지역, 국민을 위한 의무와 책임을 가진 중심은 당연히 공조직이고 그 구성원은 공무원이다.

비전을 제시하는 공무원이 되라

위에서 공무원이 왜 나라와 지역사회를 이끌어 가는 중심인지 설명한 바와 같이 돈이 아무리 많은 기업도 공조직만큼 지속적으로 공익을 위한 사업을 수행할 수는 없으므로 매년 일정한 예산을 투입하여 지역개발과 주민복지를 추진하는 공조직과 이를 집행하는 공무원의 역할은 실로 막중하다 할 것이다.

직무와 직위에 따라 공무원의 권한과 예산의 집행액이 다르겠지만 사업과 예산이 많은 부서는 하위직 공무원 한 사람이 수억 원에서 수백억 원의 예산이 소요되는 업무를 담당하는 경우도 있어 이들 공무원 개개인의 사고와 행동에 따라 그 결과와 투자효율이 달라지기도 한다. 평소 이러한 업무를 반복적으로 수행하는 공무원의 입장에서는 매년 비슷한 업무로서 특별하지 않은 것처럼 인식하거나 무관심하게 생각할 수도 있겠다.

그러나 주민의 입장에서 보면 지역사회개발에 쓰이는 막대한 예산과 공공투자가 지역 주민의 삶의 질을 좌우하고 경제적 기회를 제공하는 중요한 요인이 되므로 담당공무원은 실로 막중한 책임감으로 합리적이고 효율적인 집행을 하여야 할 것이다.

특히 기획업무나 주요 개발사업을 담당하는 공무원은 당해 연도의 사업이나 단위사업에 국한된 근시안적인 시각에서 벗어나 지역의 특성을 감안한 미래 발전가능성을 늘 염두에 두고 전략적이고 일관성 있는 투자가 지속되도록 연구하고 연찬하여야 한다.

또한 이를 단체장에게 조언하고 지역여론을 환기해 나가는 역할을 다해 나가야 하며 세부적인 단위 사업을 단순하게 집행하는 공무원과 달리 5년, 10년, 20년 후 지역사회의 모습을 그려 비전을 제시해 나가야 한다.

민선 이후 선거로 당선된 단체장들은 자신의 재임기간의 성과와 치적에 관심이 높기 때문에 너무 멀리 보거나 오랜 기간에 걸쳐 공감을 형성해 나가야 하는 복잡하고 새로운 과제나 성공여부가 불투명한 성장 동력을 찾아 승부를 걸어 보는 것에 대해 부담스러워 하기 쉽다. 그러므로 직업공무원들이 책임감과 소명의식으로 중심을 잡아야 한다.

단체장의 리더십이 매우 중요하지만 주로 공무원의 아이디어가 최종적으로는 단체장의 치적이 되어 유권자인 주민에게 전달되는 긍정적 착시효과를 감안하여 바로 나 자신의 머리와 손에서 지역이 바뀐다는 능동적인 생각과 행동으로 단체장을 바르게 보좌하고 의지와 열정을 다해 지역사회의 미래를 열어 나가야겠다.

저비용으로 21세기 비전을 수립하다

나는 1996년부터 4년 동안 군청 기획담당으로 근무했다. 당시 산청군을 비롯한 농어촌지역은 우루과이라운드와 WTO 협상 등으로 농수축산물 수입개방을 우려하며 시름에 잠겨 활력이 보이지 않았다.

나는 이런 때일수록 군민들에게 희망을 주기 위해 산청군의 21세기 비전을 수립하여 널리 알려 나가면 좋겠다는 생각으로 기획안을 만들어 당시 권순영 군수님께 보고 드리니 흔쾌히 결재를 하시며 잘 추진해 보라고 하셨다.

구체적인 착수를 위해 타 지자체의 비전수립 연구용역 비용을 알아보니 약 1억 원의 거액이 소요되는 걸로 파악되었다. 나는 그 당시 경남발전연구원 민말순 연구실장님께 산청군의 재정상황과 군의 여건을 감안하여 지자체연구지원을 해 주는 차원에서 3천만 원에 해 주실 것을 부탁하였다. 그 대신 군의 현실과 여건 및 발전방향을 최대한 잘 정리하여 기초자료를 튼실하게 제공함으로써 연구를 최대한 돕겠다는 약속을 했다. 그 약속이 민 실장님을 통해 연구원장께도 보고되어 연구비용은 3천만 원으로 정해졌다.

나는 약속대로 산청의 여건을 압축하여 ① 지리산과 동의보감의 고장, ② 친환경농업의 보고, ③ 지역정주여건향상을 위한 교육환경개선 등을 중심 개념으로 한방휴양관광 및 약초산업 활성화, 친환경 관광농업의 고부가가치화, 중고교생 교육환경 획기적 개선을 위한 향토장학 기금조성 등을 세부실천계획으로 하는 축약 비전을 권순영 군수님께 내부보고를 거쳐 확정한 후 경남발전연구원에 제공하였다.

경남발전연구원에서는 이를 바탕으로 연구방향의 시행착오와 혼선을 예방하고 지역의 여건에 맞는 세부적이고 실행 가능한 현실적 비전을 수립하는 결과를 가져왔고 이때 담긴 비전의 핵심내용들은 지금까지 변화와 발전을 거듭해가며 그 맥을 이어 나오고 있다.

멀리 보는 안목을 키워라

모든 분야의 공무원이 다 그럴 필요는 없겠으나 적어도 기획, 지역개발, 문화관광 등 특정 분야의 공무원은 지역의 미래를 예측하고 내다보는 감각을 키워야 한다.

도로, 교량, 상하수도 등 도시계획 시설을 설계하고 건설할 경우 현재의 이용인구나 수요에 머무르지 않고 지역사회의 미래인구와 산업의 변화 및 발전추세는 물론 시설의 지속적인 활용가능성과 잠재적 선호도까지 예측하여 가장 합리적인 대안을 찾아야 투자효율을 높일 수 있다. 또한 지역 산업과 문화 관광의 경쟁력을 높여 소득과 고용창출 등 경제적 효과를 극대화하기 위한 시책도 현 실태의 분석 못지않게 사회적 추세 분석이 더욱 필요하다.

지역의 비전은 공무원은 물론 지역사회 구성원들에게 마치 등대와 같이 미래의 방향을 제시하고 멀리 보게 하는 안목을 키워 준다. 그러므로 평소 자신이 맡고 있는 단위사업에만 너무 얽매이지 말고 지역의 비전과 핵심전략에도 관심을 가져봄으로써 자신이 그런 부서에 배치되었을 때 감각적으로 수행해 나갈 수 있는 마인드를 갖춰야 한다.

또 지역의 비전에 담기지 않은 비교적 작은 단위사업들도 멀리 보지 못하여 시행착오를 겪거나 투자 효율이 떨어지는 경우를 자주 경험하게 되므로 작은 사업이라고 너무 소홀히 생각하는 일이 없어야 할 것이다.

특히 지방행정은 궁극적으로 지방자치단체 내에 거주하는 모든 주민의 삶이 편안하고 향상되도록 포괄적으로 지원하는 조장행정이므로 일반 행정 업무기능에 연연하지 말고 교육, 방범 등 주민생활과 관련한 타 기관 업무가 지역사회 발전과 정주여건 향상에 큰 영향을 미친다면 보다 과감한 관심과 지원을 해 나갈 필요가 있다.

교육환경이 지역정주여건에 미치는 영향

나는 군청 기획담당으로 재직하면서 군의 미래비전을 종합적으로 고민하고 검토하는 기회를 갖게 되었다.

한때 약 12만 명에 달하던 군의 인구는 전국 대부분의 농촌지역 실정과 같이 산업화 과정을 거치면서 급속하게 도시로 이탈되어 4만 명이 되지 못하였고, 그마저도 매년 1,000~1,500명씩 줄어들고 있었다. 통계에 잡힌 인구도 교육여건이 좋은 인근 진주시에서 출퇴근 하는 사람이 많아 실제 거주인구는 주민등록상 인구보다 매우 적을 것으로 추계되었다.

나는 고인이 되신 당시 권순영 군수님께 인구관련 종합분석보고를 드리면서 우리 군이 공장 등을 유치하여 일자리를 늘리는 인구유입 노력도 중요하지만 초등학교 고학년만 되면 학부모들이 서둘러 진주로 이사 가는 현상을 차단하기 위해 군행정에서 교육문제에 관심과 지원을 해 나가는 것이 좋겠다는 결론으로 결재를 얻었다.

그 구체적인 실천을 위하여 공감확산이 필요했고 나는 경남발전연구원을 찾아 그 당시 친분이 있던 이기종 박사님께 군에서 작성한 분석보고서를 보여드리며 부탁을 드렸다.

"기초 자료는 군에서 만들어 드릴 테니 박사님의 검토와 의견을 붙여 군민들에게 교육문제에 대해 연구발표를 맡아 주시고, 연구용역비는 없으니 지자체 무료연구지원사업으로 채택해 주십시오."

"아니, 군에서 직접 하셔도 될 정도로 기초자료 파악과 대책이 잘 정리되어 있는데 왜 그러십니까?"

"권위 있는 연구기관에서 작성하고 발표해주셔야 추진에 탄력을 받을 것 같아서 부탁드립니다."

이러한 협의를 거쳐 군청대회의실에서 군민 지도층 300여 명을 모시고 '교육환경이 지역정주여건에 미치는 영향'에 대한 이기종 박사의 연구 보고가 있었고 이를 계기로 교육문제는 교육청만의 일이 아니고 군 행정에서 관심과 지원을 하는 것이 필요하다는 공감이 확산되었다.

이러한 공감을 바탕으로 나는 50억 원 규모의 교육환경개선지원 산청군 향토장학기금을 조성하는 기획안을 만들어 결재를 받고 실무부서인 서무담당에 전달하였다.

그러나 실무부서에서는 사단법인을 결성한 이후 교육경비보조에 관한 법령에 의거 행정에서 교육사업에 직접 지원하는 것은 불가하다는 조항 때문에 군예산을 투입하는 향토장학기금조성사업 추진에 진전이 없었다.

그 후 얼마 지나지 않아 99년 말에 내가 마침 그 실무부서인 서무담당으로 자리를 옮기게 되어, 전임자가 교육경비를 행정이 '직접 지원할 수 없다'고 해석했던 부분을 교육청과 학교가 아닌 향토장학법인에 '간접지원' 하고 그 법인에서 향토교육지원사업을 각 학교에 우회적으로 집행하는 것은 가능하다는 방향으로 재해석을 하였다.

그리고 관련 지원조례와 정관 등을 제정함으로써 50억 원 규모의 향토장학기금조성사업이 본격적으로 출발되었고 1년차 목표인 약 5억 원의 향토장학기금을 조성한 후 자리를 옮겼다.

이렇게 출발한 산청군 향토장학기금은 여타 장학기금과 달리 단순히 공부 잘하는 학생에게 주는 장학금의 기능을 넘어 지역학교와 학생의 교육환경 개선과 경쟁력 제고를 위한 밑거름이 되고 있으며, 이후 산청군의 관련 정관, 운영규정, 육성조례 등은 다른 지자체의 벤치마킹 대상 선례로 널리 파급되어 나갔고 후임 이재근 군수님께서 강력한 의지로 산청군우정학사를 설립 운영하는 교육환경개선사업 등의 기초가 되었다.

현실성 있는 기획을 하라

공무원이라면 대부분 훌륭한 기획을 하고 싶어 한다. 그것이 지역사회를 획기적으로 변화시킬 수 있는 대규모 프로젝트와 관련한 것이거나 소수의 주민들에게 편의와 만족감을 주기 위한 작은 사업계획이거나 할 것 없이 공무원이 되어 자신이 구상한 것을 현실화시켜 나가는 것 자체가 큰 보람이 아닐 수 없다.

기업의 경우에 기획은 기업의 성패를 좌우할 정도로 매우 중요하다고 한다. 또한 기획의 성과가 산술적으로 계량화 수치화되어 측정이 용이하며 재화나 서비스의 공급이 시장과 소비자에게 도달되거나 예측되는 시기에 그 성공여부가 쉽게 판가름 난다.

그러나 공무원 사회는 기업과 달리 고객이나 수요자가 일반 주민으로서 불특정 다수인 경우가 많고 예산의 투입 대 산출이 정확히 분석되지 않으며 민원편의나 공공서비스증진과 경제활성화 등이 수치화 계량화되기 어려워 기획의 성공여부를 정확히 평가하기가 쉽지 않다.

이러한 이유로 공무원 조직의 기획은 때때로 거창하고 화려하게 출발하여 주변의 관심을 끌었다가 예산의 미확보로 아예 시작도 못해보거나 일부 시작하다가 시간이 지나면서 흐지부지되는 경우도 있다.

또 이렇게 시간이 경과하다 보면 모두의 관심에서 멀어지게 되어 예산투입의 효과성이 제대로 평가되지 못한 채 사라지기도 한다.

그럼에도 불구하고 각 지자체에서는 창의성이 기반이 된 좋은 기획의 소재를 찾기 위해 제각기 독창적인 시책 아이디어 발굴과 우수한 지역의 사례를 벤치마킹하여 시행하고 있으나 아쉽게도 크게 성공하는 사례는 매우 드물다.

또한 광역자치단체의 인재개발원 등에서는 공무원 개개인의 기획력 향상을 위한 특별교육과정을 개설하여 운영하기도 하고, 서점에도 기획력 관련 전문도서가 적지 않지만, 아쉽게도 행정경험사례 위주의 실질적인 교육이 미흡하고 현실에 맞지 않는 이론 위주의 강의에 그치는 아쉬움이 크다.

그렇다고 하더라도 기획은 조직과 지역사회의 변화와 발전에 있어 첫 걸음이자 기반이 되는 가장 중요한 분야인 만큼 공무원조직 내의 구성원이 나름대로의 능력과 경험을 갖추게 하고 체계적인 기획을 통해 시책과 사업, 그리고 비전을 현실화시키도록 노력하는 것이 무엇보다 중요하다고 본다.

나는 전문교육과 서적이 아닌 오랜 공직생활을 통해 매년 수많은 기획안이 채택되어 시행되고 사라지는 것을 지켜보았고 그러한 경험을 통해 가장 절실하게 느낀 점은 무엇보다 기획의 생명력은 현실성이 있어야 한다는 점이었다.

겉보기에 아무리 훌륭하게 만들어진 기획안도 일시적으로 누군가에게 보여주기 위한 것, 지역사회의 공감형성이 어려운 것, 예산사정을 고려하지 못한 거창한 것, 시행시기를 맞추기 어려운 것, 이미 다른 지역에서 하고 있어 경쟁우위에 설 수 없는 것 등은 현실성이 없는 기획으로 실행하기 어렵다.

이는 기획안 작성에 따른 시간과 정열의 소모적인 낭비만을 가져올 뿐이다.

기획은 현장에 있다

 훌륭한 기획이라면 무엇보다도 실현 가능하고 그 효용이 뛰어나야 한다. 그래서 많은 사람들이 현장을 중요하게 생각한다. 이론적 배경에 의거 책상 위에서 수립한 기획안은 자칫 결재라인을 너무 의식하여 보여주기 식의 미사여구에 빠지거나 기대효과를 너무 낙관적으로 전망하기 쉽다.

 따라서 기획안이 아무리 작고 폼이 나지 않더라도 현장을 중심으로 문제점을 파악하고 그 문제점에 기초하여 개선방안을 제시하는 안이라면 그것이 가장 적합하고 가장 훌륭한 기획안이다.

중앙정부보다 먼저 시작한 산청 소도읍 육성사업

 나는 1978년 면서기로 출발하여 약 7년 후인 1985년 군청에 전입하여 계속 근무하였다. 당시 산청군의 인구는 약 4만여 명이었는데 그나마 인구가 11개 읍면지역에 분산되어 있어 읍 소재지 인구는 경남의 최하위인 불과 7천여 명에 그쳐 군청소재지로서의 기능이 매우 약했다.

평직원과 계장보직을 거치던 시절, 읍 소재지 가로환경은 매우 불량하였고 도시기능이 매우 취약하였다. 특히 군청 입구는 쓰러져가는 재래식 양철지붕정미공장, 의용소방대, 슬레이트 지붕의 가건물, 일제 강점기에 지은 조그만 2층 점포 등으로 매우 슬럼화되어 있었다. 대형버스가 진입하면 좁아서 회차하기가 힘들 정도였다. 군의 상징인 군청 앞 미관으로서는 너무 부끄러웠다.

그러던 중 2002년에 나는 경제도시과장으로 발령 받아 도시재정비를 담당하는 기회를 얻게 되었다.

발령 후 일주일되던 날 나는 당시 이창규 도시계장님과 함께 산청읍을 순회하며 재정비 아이디어를 구상했고 보름 후에는 20쪽 정도의 '산청 소도읍 육성사업계획'을 수립하였다.

그중 첫 번째 사업은 군의 얼굴인 군청 입구를 일제히 보상 및 철거하고 군민의 문화, 휴식, 주차를 겸한 소공원(최초이름은 쌈지공원)을 조성하는 것이었다.

당시 사업비는 33억 원 규모로서 국도비를 30억 원 확보하고 군비는 약 3억 원 정도를 투입하여 분수대, 소공연장, 발마사지 산책길, 생태주차장 등을 갖춘 한마음 공원이 탄생하였다.

이 사업 외에도 산청읍 입구의 산을 절취하여 논을 메워 택지를 조성하는 사업, 꽃봉산 정자 및 산책로 정비, 읍소재지 경호강변 정비사업 등이 산청 소도읍 육성사업계획에 담겼다.

이처럼 오랫동안 현장에서 느꼈던 아쉬움이 기획의 아이디어가 됨으로써 추진동력이 매우 강해졌으며, 산청군이 자체적으로 먼저 시작한 소도읍 육성사업은 얼마 지나지 않아 우연히 행정자치부에서 동일한 이름으로 시책화 되어 전국 기초지자체를 대상으로 공모사업을 시행하였다.

이에 따라 군청 입구 한마음공원조성사업 외 소도읍 육성사업계획에 담겼던 다른 사업계획들은 그 이후 중앙의 소도읍 육성사업 시책지원으로 선정되어 약 10년에 걸쳐 대부분 완료되었다.

산청군청 앞 한마음공원 전경

한마음공원 분수광장 야경

기획은 꿈을 구체화하기 위한 것이다

   기획은 미래 비전을 설정하여 나아갈 방향을 제시하고 현재 또는 현장에서의 문제점을 찾아 적극 개선해 나가는 과정으로서 좋은 기획이라면 당연히 구체적인 실행방안을 담아야 한다.

   그러나 너무 참신한 기획으로서 기획 당시에 공감형성이 어려운 경우 또는 문제점이 너무 크거나 소관업무가 아니어서 주변과 동료직원들이 회피하거나 방관하려는 분위기가 강한 경우 그냥 꿈으로 치부되기도 한다.

   게다가 주변의 공감형성이 너무 더디고 반대가 심한 경우 기획안을 만든 공무원이 개인적으로 힘든 것은 당연하고 조직 전체의 활동에 장애요인이 되기도 한다.

   사실 꿈은 그 실현 가능성을 따지기 전에 꿈을 꾸거나 실천해 나가는 그 자체만으로도 우리 인간에게 행복을 안겨 주기 때문에 그 가치가 매우 높다 할 것이다.

이처럼 꿈을 가진 사람은 그렇지 않은 사람에 비해 긍정적이고 행복할 것이다. 이는 목표와 희망이 있기 때문이고 그 꿈을 구체화시켜 나가는 과정에서 실패와 좌절도 있겠지만 다양한 에너지가 생기고 희열과 보람을 얻기 때문이다.

특히 공무원은 사기업이나 일반 국민과 달리 개인적인 꿈을 넘어 조직과 지역사회 및 국가를 위한 꿈을 꿀 수 있는 기회를 가지고 있으므로 원한다면 언제든지 자신의 아이디어를 집단적인 꿈으로 변화시키는 데 참여하거나 직접 집행할 수 있다.

그러므로 공직생활을 하는 동안 늘 자신이 몸담고 있는 지역과 업무에 대한 현장감각과 문제의식을 가지고 지역사회를 어떻게 개선하고 긍정적으로 변화시켜 나갈 것인지 하는 꿈을 꾸는 것이 매우 중요하다.

좋은 꿈은 첫째 각오를 다지고 잊지 않기 위해 정리하고 구체적인 기획안으로 만들며(적어라), 둘째 조직 내외부에 공감을 형성하고(알려라), 셋째 이를 실행할 수 있도록 도와 줄 사람과 예산, 방법을 찾는(구하라) 세 가지 단계로 접근하는 것이 필요하다고 본다.

꿈이 어렵고 힘들어 보인다고 꿈을 꾸지 않는 것은 개인과 조직 모두에게 불행한 일이기에 지방행정에 있어 기획은 지역사회의 꿈을 구체화시켜 나가는 가장 중요한 과정이라고 하겠다.

생초면 개발 조감도, 그거 꿈이라서 안 될 건데

경제도시과에서 산청 소도읍 육성사업과 하수종말 종합처리장 사업 등을 추진하다가 나는 군의 인사발령에 의해 2003년 8월 산청군 생초면장으로 자리를 옮기게 되었다.

면장 부임 후 3일째 되는 날 나는 지역의 현안을 챙겨 보면서 면 관내에서 국도 4차선 확장공사, 남강 상류 경호강 제방축조공사, 초곡천 수해복구공사 등 국가 및 도 주관 대규모 건설사업이 많다는 것을 알게 되었다.

그래서 당시 김영옥 개발담당에게 생초면에서 시공 중인 모든 국가 및 도사업의 현장 사무실에 들러 설계도를 복사해 달라고 당부하였다.

이에 김영옥 개발담당은 관례상 복사를 잘 해 주지 않으려는 현장마다 방문하여 국가나 도 시행 사업이 규모도 크고 생초면의 장래에 획기적인 영향을 미치는 사업들이므로 시공이나 완공 전에 주민들 편의를 위해 개선할 것이 있는지 살펴보는 것이라고 설득하는 등 의지를 가지고 설계도 사본을 구해 왔다.

문제는 많았다. 그런데도 지역의 관련 공무원과 주민들이 내용을 모른 다는 것이 이상할 정도였다. 그간 '국가 및 경남도의 사업이니 알아서 잘 해주겠지.' 하는 방관자적 자세로 설계 및 시공이 진행되어 온 것이 틀림없었다.

만약 기존 설계대로 사업이 완공된다면 겉으로는 지역발전을 위한 국가 및 도의 사업이지만 내용적으로는 지역의 발전이 퇴보되는 수준이었다.

4차선으로 확장되는 국도는 면소재지를 비켜가면서 면에 드나드는 진출입램프가 함양군 화산마을까지 가서 되돌아오게 설계되어 심각한 불편이 예상되었다.

오랜 세월 상습침수지역으로 피해를 보던 소재지를 보호하기 위해 하천확장 및 어서제방, 구기제방 공사가 막 착공되었는데, 하천확장으로 인해 소재지의 민물고기 상가 주차장이 모두 제방에 편입되어 없어지게 되어 있었다.

게다가 제방의 법면은 돌망태로 설계되어 쓰레기가 걸릴 수밖에 없었고, 주민들이 평소에 즐겨 찾는 경호강으로 내려가는 통로나 계단설계는 아예 빠져 있었다.

또한 면소재지 화촌마을 옆 초곡천은 그 전년도에 발생했던 긴급한 수해복구를 위해 경남도에서 10개 공구로 나누어 10개 회사가 제방축조를 시공 중이었는데, 지방도를 따라 이어지는 하천제방과 도로 사이에는 깊다란 법면이 서로 맞대고 길게 이어져 있어 향후 마을 앞이 거름을 내다 놓거나 쓰레기장으로 변모될 것이 예측되었다.

모두 미래를 내다보지 않고 돈에 맞춘 설계가 틀림없었다. 생초면은 전통적으로 민물고기가 유명한 고장으로 외지인의 출입이 지역경제의 큰 몫을 차지하는 데 이렇게 공사가 진행된다면 마을 앞 주차장이 제방으로 변해 통째로 없어지고 화촌마을 앞이 불결해지는 등 큰일이 아닐 수 없었다.

나는 해결책을 찾기 위해 고심하다가 평소 알고 지내던 대구의 미술광고기획사 신○○ 사장에게 조감도 한 점을 부탁하였다.

조감도에는 부산지방국토관리청에서 시행하는 경호강 어서제방공사의 하천계획선을 30미터씩 경호강의 맞은 편 대안으로 밀어 내 민물고기 상가 앞에 기다란 공원과 주차장을 마련하고, 면 소재지 경호강 바로 건너에 확장되는 국도에는 4차선 진출입 램프를 그려 넣었다.

초곡천 수해복구공사 구간인 화촌마을 앞 제방과 지방도 사이 깊은 법면은 흙으로 메워 공원을 조성하는 것으로 그렸다. 또한 히딩크 감독과 함께 2002월드컵 4강 신화를 이끈 박항서 수석코치 등 전통적으로 축구인을 많이 배출한 생초면의 특징을 살려 면 소재지 인접 농지에 잔디축구장 신설계획도 포함했다.

마지막으로는 소하천을 건너는 예쁜 목교와 신설 확장되는 4차선 국도 양쪽 진출입부분에 면소재지를 우회하여 통과하는 차량들을 면소재지로 진입을 유도하기 위해 물고기 모형의 대형 이미지 광고탑을 그렸다.

이처럼 현장을 기반으로 하는 면의 미래 발전기획은 기획안과 그림으로 완성되었고, 그 기획안과 조감도로 보이는 구체적인 모습을 가지고 지역주민대표설명회를 2회에 걸쳐 개최하였다.

또한 이때 67억 원 규모의 농림부주관 농촌종합개발사업에 산청군에서는 최초로 생초면이 응모하겠다는 의지 등을 같이 제시하여 지역주민의 공감대와 기대감이 확고하게 형성되었다.

문제는 실천이었다. 군의 과장급 간부공무원조차 조감도를 복사하려고 군에 들른 김영옥 담당에게 '그건 꿈이다, 꿈'이라고 하며 핀잔을 주었고 지역주민들도 처음에 반신반의하였다.

면장의 힘으로 국가하천계획선을 바꾸고 4차선 국도의 진출입 램프를 추가로 설계에 반영하는 일은 너무도 힘이 들었다. 실제 이미 확장된 산청군 관내 원지, 산청, 오부 간 국도 4차선 상 세 군데의 램프가 진출입을 동시에 할 수 있는 동일위치에 시공된 곳은 한 군데도 없을 정도로 어려운 과제였다.

1차로 비교적 쉬운 과제인 화촌마을 앞 도로와 제방사이의 움푹 골이 패진 4,500제곱미터의 경사지는 10개 공구 현장소장을 일일이 찾아 공구별로 흙을 채워줄 것을 부탁하여 지반을 도로면과 같게 만든 후 7천여만 원의 사업비를 군에 지원 요청하여 빠른 시간에 소공원으로 만들 수 있었다.

그러나 하천계획선 변경과 4차선 진출입 램프 추가설치는 쉽지 않았다. 풍림산업 현장소장과 감리업체인 동일 엔지니어링을 수없이 방문하여 설득했고, 시행청인 부산지방국토관리청의 조재찬 산청현장 관리관에게 필요성을 누누이 설명했다.

마침내 산청현장의 이해관계자들이 설계변경에 대한 필요성을 공감하기 시작하는 것을 계기로 국토부 간부들에게 현장브리핑도 했고, 권철현 군수님은 물론 당시 이강두 국회의원께도 2회에 걸쳐 보고 드렸다.

시간이 지나면서 계란으로 바위치기처럼 여겨졌던 건의들이 생초면의 기획안과 미래를 내다 본 조감도를 통해 보는 이들의 신뢰를 얻어내었다.

그리하여 마침내 설계회사인 동일엔지니어링과 시공사인 풍림건설 등의 검토를 거쳐 시행청인 부산지방국토관리청을 경유한 설계변경 및 램프신설계획서류가 국토해양부 승인을 거쳐 기획재정부의 예산승인으로 최종 확정되기에 이르렀다. 이는 1년 이상 집요하게 이해 관계자와 기관을 설득해서 이루어 낸 줄기찬 노력의 결실이었다.

이로 인해 하천계획선이 변경되어 면소재지 민물고기 식당가

경호강 제방을 밀어내고 조성한 생초면 주차장 및 공원

도로와 제방법면을 성토해 만든 화촌마을 공원

생초면 소재지 인조잔디 축구장

신설된 생초면 소재지 진입 나들목

앞에 9,000여 제곱미터의 기다란 소공원과 주차장이 조성되었다. 강으로 내려가는 계단이 약 2억 원의 예산으로 추가 시공되었으며, 7억 원의 예산을 추가하여 마을 앞 제방법면 돌망태시공을 전석 깔기로 바꿔 아름다운 경호강 생태하천으로 거듭나게 되었다.

단순히 수해를 예방하기 위한 치수기능만으로 설계되었던 국가하천 남강상류 경호강이 주민에게 경제적 편의를 제공하고 생초주민과 민물고기 식당가를 찾는 관광객이 함께 즐기는 친수공간으로 변모하였다.

또한 면소재지 건너 대전, 통영 간 고속도로 생초IC 바로 옆에 국도 4차선 램프가 추가로 설계에 반영되어 시공되었고, 그 당시 병행하여 주민들에게 희망을 제시한 잔디축구장과 농촌종합개발사업 등 기획안의 내용들도 거의 실행되었다.

이와 같이 생초면으로서는 국가 및 도의 시행사업과 지역발전의 연계성을 사전에 파악하여 국가 및 도에 자체변경 기획안을 적극적으로 제시함으로써 지자체 예산을 거의 들이지 않고 마치 꿈과 같이 어렵다고 생각했던 문제점들을 해소하였다.

경험 있는 직원이 기획에 적극 나서야 한다

수년 동안 기획업무를 담당하면서 느꼈던 아쉬움 중 하나는, 새내기 직원이나 경험이 적은 직원들의 아이디어를 제대로 반영할 수 없었다는 점이다.

시책추진이나 지역개발을 위한 아이디어는 주로 두 가지로 나누어 볼 수 있다. 하나는 상상력과 창의성에 바탕을 둔 매우 새롭고 독창적인 아이디어이며, 또 하나는 이미 하고 있는 사례를 벤치마킹하여 그것을 기본으로 아이디어를 더해 기획안을 만들거나 사업계획을 수립하는 것이다.

각 지자체에서는 매년 상기 두 가지의 방법으로 아이디어를 모집하고 훌륭한 기획안을 제안 받아 오고 있으나 채택 가능하거나 쓸 수 있는 내용이 거의 없다. 그 이유는 바로 현실성과 구체성의 부족이다.

대체로 경력이 좀 있는 직원들은 아이디어 제안과 기획안 작성 제출에 소극적이므로 새내기 직원들의 아이디어나 기획안이 많을 수밖에 없다.

따라서 독창성은 다소 높아도 현실성이 매우 떨어지거나 예산의 효과성이 적거나 계층 간 지역간 갈등을 초래할 우려가 있는 등 현실을 제대로 모르는 상태에서의 제안이 많다.

또한 벤치마킹의 경우에도 선행사례에서의 성공이 곧 다른 지역에서도 그러하리란 생각은 매우 위험한데도 불구하고 부서별로 아이디어를 낼 것을 종용받게 되면 대개 새내기 직원들이 서둘러 비슷한 시책을 카피하고 시행하자는 제안이 자주 나온다.

하지만 벤치마킹을 아무리 완벽하게 한다고 하더라도 시책의 추진시기, 지역사회의 분위기나 호응도, 추진주체의 의지와 역량 등 모든 것을 똑같이 벤치마킹 하는 것은 매우 어렵기 때문에 비슷한 조건의 투입이 이루어졌다고 하더라도 산출이 전혀 다른 현실을 예상 할 수 있는 것이다.

따라서 어떤 기획안이나 벤치마킹안이 비교적 쉽게 채택되고 효과를 발휘하기 위해서는 독창성과 차별성을 최대한 확보하는 가운데 ① 지역의 여건 및 실태 ② 리더의 관심도 ③ 예산의 확보 가능성 ④ 효과성(장·단기) ⑤ 공감 및 확산가능성 등을 미리 살펴보고 제안하는 균형 감각이 꼭 필요하다. 이는 당연히 경험과 경륜을 간직한 중견공무원들이 적극 나서야 되는 이유이다.

매장문화재 위에 래프팅 종합 승선장을 만들다

　산청 경호강은 전국 4대 래프팅 명소로 꼽히는 지역이다. 나는 2006년에 문화관광과장을 맡아 경호강 주변에 난립해 있는 29개소의 래프팅 회사를 한 곳으로 모아 관광면모를 갖추는 기획안을 작성하였다.

　당시 경제도시과에서는 산청소도읍육성사업으로 강 옆에 약 2만여㎡의 농지를 매입해 놓았는데 그곳이 매장문화재 지역으로서 장기간 활용처를 찾지 못하고 있었다.

　나는 체육 및 문화재 담당 등에게 그 땅을 래프팅 승선장으로 만들어보자고 하였다. 과내 일부에서는 골치 아픈 문화재 구역이라 난색을 표하기도 했으나 '하고자 하면 방법이 보이고, 하기 싫으면 핑계가 보인다'는 말을 상기하며 현장을 찾아 궁리를 거듭했다.

　그간 문화재청에서는 건축물을 세울 경우 매장문화재가 손상될 우려가 있어 건축협의 자체가 어렵다는 입장이었는데 나는 현장의 지형에서 해결책을 발견하였다.

　그곳은 도로보다 약 1미터 이상 낮게 형성되어 있었고 낮은 지형에 성토를 한 다음 건축물의 기초를 성토한 부분 아래로는 내려가지 않도록 한다면 매장문화재의 훼손이 전혀 없다는 논리로 문화재청에 재협의토록 하였다.

　그 결과 마침내 협의가 이루어져 래프팅 종합 승선장 공사를 위한 성토작업과 관리동을 건축한 후 자리를 옮기게 되었고 그 후 후임자들의 노력이 계속 이어져 난립한 래프팅 회사 가건물 등이 본격적으로 옮겨 와 오늘날의 체계적인 모습을 갖추게 되었다.

유관기관과 협력으로
시너지효과를 발휘하라

　지방행정을 수행하다 보면 각 기관 단체 간 협조 필요성이 보다 절실하게 느껴진다.

　지방자치단체의 존립목적은 실로 다양하겠으나 궁극적으로는 지역주민이 보다 안전하고 향상된 삶을 영위할 수 있도록 주민복리증진과 소득증대를 지원하는 데 있다. 그런데 이러한 목적을 구현해 나감에 있어 각 유관기관단체가 업무영역과 이해관계를 넘어 상호 협력하는 것이 지역사회발전과 주민소득증대에 큰 효과를 발휘하는 경우가 많다.

　그러므로 각 기관단체가 서로 내 일만 잘하면 되지, 내 일에 왜 다른 기관단체가 끼어드냐는 식의 편협한 생각은 바람직하지 못하며, 이러한 생각을 하는 간부공무원이나 기관단체장이 재임하는 동안 관련분야나 지역의 발전은 정체될 수밖에 없다.

특히 일선 읍면동장은 다른 기관단체장과 달리 지역사회 전체가 잘 되도록 조장해 나가는 종합행정의 책임자이므로 순간적인 득실을 따져 일을 회피하거나 관여하지 않음으로써 얻게 되는 일시적인 편안함에서 벗어나 지역사회의 현안에 보다 적극적으로 관심을 갖고 해결방안을 찾아야 한다.

즉, 어느 기관단체의 일이던 간에 그 일이 지역사회와 주민을 위한 일이고 협조요구가 있거나 관심을 가지고 도울 필요성이 있다고 판단되면 모두 읍면동장의 일이라는 적극적인 자세로 협력의 시너지효과를 발휘해 나가야겠다.

지역농협과 협력으로 산물벼 처리장을 유치하다

2003년 산청군 생초면장으로 발령받아 약 3년 정도 재직하던 때의 일이다. 농협 생초면 지점을 방문하니 당시 김영길 지점장께서 면장에게 어려운 건의를 해야겠다며 자료를 건네 주셨다.

이는 농협에서 정부의 지원을 받아 약 20억 원 규모로 추진계획인 산물벼처리장이 남부권의 문대미곡처리장에 신축될 것 같은데 생초면 관내에 유치하면 생초면민과 북부산청지역의 농민이 가깝게 이용할 수 있어 매우 편리해질 것이라며 도움을 청하는 내용이었다.

그러나 군농협의 입장으로는 기존 문대처리장 내에 신축하는 것이 부지확보와 예산절감이 용이하여 생초면 관내에 신축계획을 반대했다.

나는 지역주민과 대화도 하고 해결방안을 찾기 위해 고민을 거듭했다. 그러다가 김영길 지점장께 정부지원금 외에 자체적으로 5~6억 원 정도를 지원하면 생초에 유치할 수 있겠느냐고 제시했다.

이에 김 지점장은 그 많은 예산을 군청에서 지원할 수 있겠느냐며 반신반의하면서 그 정도면 군농협에서도 반대하지는 않을 것이라고 하며 농협 내부에 계통 보고를 하였고 며칠 후 당시 군농협 박충기 상무님께서 직접 나를 찾아와 의지를 확인하였다.

그 당시 군청에서 읍면에 매년 농가별로 시책적으로 지원하는 약 2억 원의 소득증대사업비가 생초면 지역에는 주로 양파농가에 조금씩 분산되어 집행되고 있었다.

나는 약 70여 양파 농가를 모아 긴급하게 간담회를 가지고 올 한해만 개별농가 지원을 하지 않고 그 대신 생초면에 산물벼 공장을 유치함과 동시에 양파집하장을 동일 부지 내에 건립해드릴 테니 참아달라고 설득하였다.

이를 바탕으로 군청에는 매년 소모성으로 개별농가에 주던 농가소득증대지원 예산을 올해는 농협과의 협력을 위한 공동사업에 쓸 계획이니 좋은 선례를 남기는 차원에서 특별히 3억 원을 동일

사업에 지원해 줄 것을 건의하여 어렵사리 승인을 받았다.

또한 그 당시 경남도의원께도 지원을 부탁드려 2억 원의 도비가 추가로 지원되었고 면장 포괄사업비도 보태 산물벼처리장과 함께 양파집하장 건축과 주변정비사업까지 완료하게 되었다.

특히 생초면에 산물벼 처리장을 건립하기 위해 부지를 매입하는 과정에서 보상보다는 땅에 애착을 가진 토지 소유자들이 '왜 면장이 농협의 일에 나서냐?'는 항의 등 어려움도 많이 겪었다.

그러나 그 당시 나는 '농협의 일이 바로 우리 농민들의 일이고 조합원이 바로 주민이다.', '가을만 되면 도로나 공터마다 벼를 말리기 위해 고생하시는 연로하신 농민들이 수혜자고 그 분들이 모두 우리 면민이다.'라고 설득하였다.

이에 배정한 전 조합장님을 비롯한 유지들이 나서 적극 거들었고 배석한 씨 등 토지소유자들께서도 그 취지를 공감하며 보상에 응해주었다.

산물벼 처리장과 양파집하장 등의 재산권과 운영 등 이해관계가 복잡하고 많은 예산이 투입되어 선뜻 나서거나 실천이 쉽지 않은 사업이었지만 농협지점이나 면의 입장을 떠나 유관기관단체가 상호 긴밀하게 협력하면 반드시 보람과 시너지 효과가 발휘된다는 것을 느낀 사례였다.

산청농협 생초산물벼처리장

제5장

지역사회개발 전략의 핵심

컨설팅도 때로는 독이 된다, 독창성이 생명이다

　창의적인 아이디어가 훌륭한 기획에 의해 현실성을 갖춘 시책으로 전개되면 지역사회의 미래가 달라진다. 따라서 지자체의 아이디어 부족과 시책추진에 대한 전문성 미흡 등을 보완하기 위해 최근에는 대학과 연구소는 물론 컨설팅 관련회사들이 지역문화와 관광개발 등 다양한 분야에 뛰어 들어 공무원들에게 지도와 자문을 해주고 있으며 현장감을 보다 생생하게 느낄 수 있도록 해당 사업장별 상호방문이 활성화 되고 있다.

　이러한 전문가 집단의 컨설팅은 주로 중앙정부에서 각 부처 산하기관이나 관련학과 교수그룹과 연구소 등에 위탁하여 시행하는 경우가 많으며 중앙정부의 시책이 지방의 아이디어와 접목되어 일선 지자체의 현장에서 어떻게 전개되어 가는지를 사전, 진행, 사후단계별 자문과 평가를 통해 점검함으로써 시책의 목표 달성을 촉진하고 그 성과를 확산시키려는 목적에서 시행된다.

그러나 내가 그동안 경험한 바에 의하면 이러한 컨설팅은 많은 장점과 순기능도 있었지만 지방의 독창성을 고려한 특색 있는 발전계획 수립과 집행에 역기능으로 작용한 바도 적지 않은 바, 그중 가장 큰 역기능은 지자체마다 비슷비슷한 사업들이 너무 많이 늘어나는 요인 중 하나로 작용했다는 것이다.

왜냐하면 교수나 전문가 등이 전국의 지자체를 순회하면서 컨설턴트 역할을 수행하는 과정에서 각 지자체가 잘하고 있거나 실패한 사례를 전파하며 벤치마킹을 권유하게 되고, 중앙정부로부터 위탁을 받은 수탁기관은 일정한 사업관리 매뉴얼에 의한 동일한 성과측정지표를 통해 지자체 사업을 감독하거나 조정하게 된다.

이처럼 비슷한 평가 매뉴얼 적용과 벤치마킹 등은 특정지역이 잘 하고 있는 발전계획이나 단위사업이 몇 년 후에는 약간 변형되거나 발전된 형태로 다른 지자체에서도 생겨나는 원인이 되어 최초의 지자체 아이디어나 상품은 경쟁력을 잃어버리는 경우가 많아지고 있기 때문이다.

특히 재정규모나 자립도가 약한 지자체에서 오랜 노력으로 창의적인 기획을 거쳐 시행하게 되는 신성장 발전전략의 경우에도 그 성공이 확실해 보이면 예산사정이 좋은 후발 지자체에서 집중 투자하여 따라잡는 사례를 감안해 볼 때 다른 지자체에서 흉내낼 수 없는 독창적인 기획이 얼마나 큰 관건이 되는지 그 중요성이 더욱 절실해진다.

따라서 컨설팅이나 벤치마킹에 너무 의존하는 것은 바람직하지 않으며 지역발전을 위한 기획의 가장 중요한 고려 사항은 현실적으로 적용가능하면서 지역사회가 가지고 있는 인구, 산업, 자연환경, 역사, 문화, 스포츠 등 여러 가지 요소 중 다른 지역과의 차별성이 현저하게 크거나 특출하여 장래에 타 지역에서 따라 하여도 문제가 없을 만큼 경쟁력이 확실하고 독창적이라야 하겠다.

덧붙이면 중앙정부에서도 지방의 역량을 너무 과소평가하여 신뢰하지 못하거나 국가시책의 시행과 감독기능을 과도하게 산하기관단체와 대학 등에 위탁하여 전국 지방자치단체의 독창성과 특수성을 동일한 척도로 평가하고 통제해 나가려는 편의주의적 인식은 바꾸어야 한다고 생각해본다.

지방의 특색을 고려한 중복 없는 지원을 건의합니다

나는 2009년부터 1년 반 동안 산청군의 한방약초사업단장으로 재직했다.

산청군은 2000년 초부터 한방약초산업을 새로운 성장 동력산업으로 설정하고 관련 사업들을 개척해 나가는 시기였으나 평창, 봉화, 제천, 영천, 진천, 금산, 화순 등 전국의 12개 지자체가 약초산업에 대한 관심을 가지고 크고 작은 투자를 하고 있어 상호 중복 투자의 우려가 매우 컸다.

그때 마침 당시 장태평 농림수산식품부 장관님이 산청을 방문하시게 되어 현안사항을 브리핑 할 기회가 주어졌는데, 나는 산청군의 개별적인 사업건의보다는 전국 지자체의 약초산업 중복문제를 장관님께 보고 드리는 것이 좋겠다고 이재근 군수님께 건의 드리니 큰 안목으로 흔쾌히 승낙하셨다.

이 건의가 있은 직후 농림수산식품부 지역개발과장님(故 김영준님)이 나에게 중앙에 출장하여 상세한 내용을 설명해 줄 것을 당부하였고 나는 두 번에 걸쳐 서울에 올라 가 지역개발과장과 관련부서 사무관들과 미팅하며 지방의 약초산업 중복 문제점과 해소방안을 격의 없이 건의하고 토론하였다.

이러한 의견수렴 과정을 거쳐 농림수산식품부에서는 전국의 12개 지자체를 대상으로 한방약초산업 관련 협의체를 구성 운영하면서 각 지자체의 기능과 장단점을 고려하여 생산우수, 유통가공우수, 관광산업연계우수 분야 등으로 나눠 지역별 차별화된 특화지원체계를 기획하고 이를 농어촌공사에 위탁하여 지속적인 점검과 지원을 하게 하였다.

안타깝게도 농림수산식품부의 1차 전달회의가 있은 후 고 김영준 과장님과 담당과 공무원 7~8명이 충남 태안군의 농어촌 지역개발사업 현지 점검 차 출장 중 교통사고로 모두 동시에 세상을 떠나셨고, 그 뒤 이 사업의 추진 동력과 당초 토론내용이 일부 바뀌어 가는 아쉬움이 있었다.

이런 사례를 감안해 볼 때 지방의 시책이 아무리 훌륭하더라도 지자체간 경합이나 중복투자로 경쟁력을 잃게 되는 경우를 미리 감안하여야 할 것이며 가능하면 중복을 피할 수 있는 독특한 아이디어를 찾아 지속적 실천 가능한 기획으로 승부를 걸어야 할 것이다.

장태평 농림수산식품부 장관 방문, 약초농가 간담회

방향성과 일관성을 유지하라

　공무원이 자신의 의지로 일정한 시책이나 사업의 방향을 일관성 있게 추진해 나갈 수 있을까?

　특히 민선자치시대를 맞아 선거에 의해 단체장이 수시로 바뀌고 새로 책임을 맡은 단체장이 전임자의 시책을 계승하기 보다는 자신의 이름을 건 새로운 시책을 선호하는 경향이 많은데 과연 공무원의 힘으로 방향성과 일관성이 유지될 수 있을까?

　대부분의 사람들은 아마 어렵다고 생각할 것이다. 그러나 나는 지자체에서 시행하고 있는 특수한 시책들의 성공사례를 많이 돌아본 결과 성공한 지역에는 반드시 의지와 열정을 가진 공무원들이 그 중심에 있다는 것을 발견할 수 있었다.

　단체장의 행정마인드와 지자체 주민의 의식에 따라 다르겠지만 무엇보다도 선거직이 아닌 직업공무원은 균형 있는 시각과 자세를 견지해 나갈 의무가 있다.

특히 지방의 특색과 장점을 살린 미래전략사업은 선거로 단체장이 바뀌어도 정확한 내용을 보고하여 충분한 이해와 합리적인 판단을 구해 나감으로써 그 방향성과 일관성을 지속시켜 나가는 것이 매우 중요하다고 할 것이다.

우리나라처럼 국토가 좁고 도시는 도시대로 농어촌은 농어촌대로 비교적 여건이 비슷하여 뚜렷한 특징이 없는 지자체들이 각자 새로운 발전방향을 찾아내기란 매우 어려운 일이 아닐 수 없다.

또한 힘들게 찾아낸 신규 사업이 그 추진동력을 이끌어 내어 시범사업단계를 지나 지역의 성장 동력으로 그럴듯하게 정착하기란 매우 어려운 일이다.

그러므로 미래의 가능성만을 보고 추진해 나가던 새로운 역점사업이 단기간의 성과가 미흡하거나 일시적으로 관리 및 투자부담이 크다는 이유로 잦은 변경이 가해진다면 그간 투입한 정성과 노력은 물거품이 될 것이고, 또다시 새로운 아이템을 찾기 위해 종전과 같은 시간과 경제적 투자를 반복해 나가게 될 것이다.

특히 도로, 교량, 하천, 복지시설 등과 같이 완공과 동시에 그 성과나 수혜가 확실한 지역개발사업과 달리 문화관광사업의 시설과 축제이벤트 등은 단기간에 그 성과가 나타나지 않기 때문에 진행과정상의 일시적인 장애요인을 극복해 나가는 과정에서 이를 바라보는 시선과 각도에 따라 평가가 극명하게 엇갈리는 경우가 많다.

이러한 경우 비판적 여론에 휘둘려 그 방향성과 일관성을 상실한다면 그간의 투자가 헛됨은 물론 다시 그러한 사업을 추진해 나가기는 거의 불가능해진다.

따라서 위험부담이 따르는 새로운 사업을 추진해 나가려면 무엇보다 그러한 사업에 대한 장기적인 비전과 목표, 투자계획을 많은 사람이 알 수 있도록 충분한 설명회를 실시하여 지역주민의 안목을 높이고 공감을 형성해 나가야 한다.

그리고 일단 이러한 과정을 거쳐 시행되는 사업이라면 무엇보다 긴 안목으로 그 방향성과 일관성을 잘 유지해 나가는 것이 매우 중요하다.

한방휴양관광지 적당히 마치세요

나는 산청군 생초면장으로 근무하다가 2006년에 문화관광과장으로 발령받았다. 그 당시 산청군에서 조성중인 한방휴양관광지는 일부 주민들 사이에서 '산청군의 굉장한 골칫거리, 돈 먹는 하마가 될 것'이라는 비판적인 목소리가 높았고 이에 부담을 느낀 당시 군수님은 발령 직후 군수실로 나를 불러 현재 착공한 한의학 박물관공사만 잘 마치고 더 이상의 투자는 안하는 게 좋겠다는 말씀을 하셨다.

이 사업은 군민적 공감을 거쳐 2003년부터 추진되고 있었으나 2006년 당시까지는 휴양지의 기반을 다지는 토목공사 위주로만 투자되어 가시적인 관광지의 모습을 갖추지 못하였고 그 성공을 확신하지 못하는 부담 속에 한의학박물관이 첫 번째 볼거리로 약 43억 원 규모로 설계되어 있었다.

군수님 지시 이후 일주일 정도 현황을 검토한 후 나는 군수님께 '지금 상태로 마무리하면 그간의 투자가 너무 아까우니 당초 우리 군이 목표한 방향과 계획처럼 제대로 된 관광지가 되도록 국도비를 열심히 확보해 보겠습니다. 한번 믿고 기다려 주십시오.'라고 말씀드려 허락을 받아냈다.

그 이후 강순경 관광개발담당 등 동료직원들과 혼신의 노력을 다해 국도비를 대거 확보함으로써 43억 원 규모의 박물관을 79억 원으로 변경시켜 볼거리를 확충하였다.

박물관 외부에도 관광객의 체류시간이 연장되도록 곰과 호랑이 조형물 등의 한방테마공원을 추가로 조성하는 등 2회에 걸쳐 170억 원의 국도비를 더 확보하여 관광지로서의 면모를 갖춰 나갔다.

이처럼 지역여론으로 부담을 느끼는 군수님을 설득하여 처음의 방향성을 잃지 않고 일관된 투자를 할 수 있도록 관심을 이끌어 낸 결과 후임 이재근 군수님 재임 시 확고한 의지로 추가적인 투자가 계속 이루어졌다.

그 결과 산청세계전통의약엑스포 개최를 위한 훌륭한 기반시설을 미리 확보하여 사용하게 되었고 오늘날 동의보감촌의 모습을 갖추는 계기가 되었다.

산청세계전통의약엑스포가 열렸던 동의보감촌 전경

리얼리티와 디테일로 승부하라

그 지방만의 독창성과 현장여건을 감안한 실현 가능한 기획을 토대로 방향을 설정하여 오랜 기간 일관성 있게 추진해 온 사업일지라도 그것이 모두 성공을 보장하지는 못할 것이다.

지역이 가지고 있는 문화산업적 자산이 아무리 훌륭하고 독특하더라도 그것이 일정한 상품으로 만들어져 수요자에게 다가가도록 기능하는 최종적인 산물이 수요자의 만족을 얻어 내지 못한다면 장기간의 정력과 예산을 쏟아 부은 일관성 있는 추진이 오히려 독이 될 수도 있다.

이처럼 문화산업적 상품으로서의 가치를 갖게 되는 최종적인 산물은 어떤 모습일까? 그것은 유무형의 다양한 형태로 존재하겠지만 현재 지자체 문화상품의 모습들을 크게 살펴보면 대략 시설과 콘텐츠라는 두 가지 옷을 입고 선을 보인다.

돌이켜보면 지난 40여 년간 지방행정의 관심은 시대별로 큰 차이를 보이고 있는데, 1980년 후반까지는 먹고 사는 일이 가장 큰 문제로서 다수확 쌀 품종의 확대재배, 소득 작목 개발 등 주로 농사행정에 발 맞춰져 왔다.

식량증산의 시대를 거쳐 86 아시안게임과 88 서울올림픽을 성공적으로 치루면서 대한민국의 가능성이 세계에 알려지고 경제가 활성화되기 시작한 90년대 들어 비로소 문화산업에 대한 의식이 싹트고 확산되어 나왔으므로 사실 지방행정에서 문화관광을 지역의 발전기제로 파악하고 관심을 보이기 시작한 것은 그리 오래 된 일이 아니다.

이처럼 일천한 연륜 때문에 지역마다 경쟁적으로 일어나기 시작한 관광개발사업과 문화산업들은 대부분 무언가 보여줄 것이 있어야 되기 때문에 초기에는 하드웨어를 구축하는 데 관심을 가질 수밖에 없었고 너도 나도 비슷비슷한 사업에 매달려 왔다.

예를 들면 김해, 고령, 공주, 부여 등 가야시대나 백제시대의 유적을 가진 여러 곳의 지자체가 비슷한 복원사업을 진행하였고, 일산, 태안 등 전국에서 유사한 꽃 축제와 박람회가 생겨났다. 정선에 이어 울진, 곡성 등에 레일바이크가 생겨났고 산청, 제천, 영천 등 한방약초산업에 관심을 가진 지자체마다 비슷한 축제도 여러 개 시행되고 있다.

또한 현재도 관련학과 교수와 평가위원 등 전문가 그룹과 일선 지자체 담당공무원들이 좁은 국토를 누비며 좋은 것을 컨설팅하고 컨설팅 받고 벤치마킹 한다.

금년에 A지자체에 설치된 조형물이나 체험시설 및 프로그램을 내년도에 비슷한 여건을 가진 B지자체에 가면 다시 만나볼 수 있다.

이미 좁은 국토에서 경쟁은 시작되었다. 지자체는 경쟁에 내몰려 힘들겠지만 이는 지자체 스스로 선택한 결과이고 오히려 문화관광산업의 수요자는 다양한 볼거리로 인해 즐거울 수도 있다.

그러나 그 즐거움은 수요자의 눈높이가 낮게 고정되어 있을 때까지이며 수요자가 여기 저기 돌아보고 비교하는 능력과 눈높이가 올라가는 순간 식상함으로 바뀐다.

그렇다면 이미 경쟁체제에 접어 든 지자체의 문화관광산업들이 비교우위의 경쟁력을 가질 수 있는 핵심요소는 무엇일까? 그간의 경험을 토대로 살펴보면 그것은 현장성과 정성, 즉 리얼리티와 디테일이라고 생각한다.

현장성은 문화관광산업의 현장 거기에서만 유일하고 독특하게 볼 수 있는 것, 다른 데 가서도 비슷한 것은 보겠지만 여러 부분에서 확연한 차이가 느껴지는 것이며, 정성은 곧 콘텐츠 하나하나가 사실이거나 사실감을 느낄 수 있도록 성의를 다 함으로써 보는 이들의 감동을 자아내게 하는 것이라고 할 수 있겠다.

지자체 공무원이 문화관광산업의 개발에 있어 똑같은 소재나 이야기를 다루지 않는 것이 가장 좋은 방법이겠으나 지역여건이 어쩔 수 없어 비슷한 내용으로 접근했다면 최종 산물의 모습이 그야말로 디테일하고 리얼리티 하여야 한다.

어떻게 이렇게 세심하게 정성을 들였을까, 진짜인줄 알았네, 어떻게 이렇게 사실적일까, 여기 아니고 다른데서는 엄두를 못 내겠어, 여기 이 현장은 정말 대단해, 스케일이 다르군! 내용이 달라!

바로 이런 모습으로 관광수요자는 감동하고 감탄한다.

리얼리티와 디테일을 담아라, 산청 동의보감촌

산청의 동의보감촌은 지리산의 정기와 천혜의 자연경관 및 환경을 바탕으로 한의학적인 요소를 테마로 조성한 우리나라 최초 최대 규모의 한방휴양관광시설이다.

주요시설은 한의학 박물관, 한방테마공원, 한방 기 체험장, 동의본가 힐링타운, 숲속 휴양림과 숙박시설 등이 있고 동의약선음식, 약초샤브샤브, 산삼 비빔밥, 한우고기 등 먹을거리가 풍부하며 한방약초 가공상품을 손쉽게 살 수 있는 상설매장 등이 고루 갖춰져 있다.

한의학박물관은 우리나라 한방의 역사와 다양한 약초 전시 등을 통해 건강한 삶을 위한 다양하고 유익한 정보들로 채워져 있으며 어린이들이 보고 체험할 수 있는 즐길 거리도 풍부하여 접근성이 취약한 숲속 박물관의 한계를 딛고 많은 관광객의 사랑을 받고 있다.

한방테마공원은 조선시대 한의사가 쓰던 인체 신형장부도를 원형으로 인간의 몸을 공원전체에 스토리텔링화 하여 조성하였다.

단군신화에 등장하는 마늘과 쑥이라는 최초의 약초를 상징화 하기 위해 곰과 호랑이 조형물을 규모와 특색을 갖춰 조성하였고, 지리산 천왕봉(1915m)이 산청군에 소재하고 있는 것을 상징하여 100분의 1 크기로 압축, 19.15m 높이로 세운 세계 최대의 침 조형물이 있다.

불로장생을 염원하는 인간의 머리 부분을 상징하는 십장생 소공원, 오행광장, 십이지신 분수광장을 지나 목 데크로 연결된 후, 심장공간, 허파, 간데크, 대장, 소장 등 장기를 표현한 공간으로 이어진다.

그리고 다시 손바닥, 발바닥 경혈점을 분수로 표현한 연못인 방광지를 거쳐 대형 호랑이 조형물의 입을 통해 시원한 폭포수가 흘러내리는 폭포광장으로 마감된다.

호랑이 폭포광장 주변에는 18가지 각기 다른 흙의 성분을 재미있게 설명한 흙 열주와 33가지 물의 특징을 설명한 대형 물 열

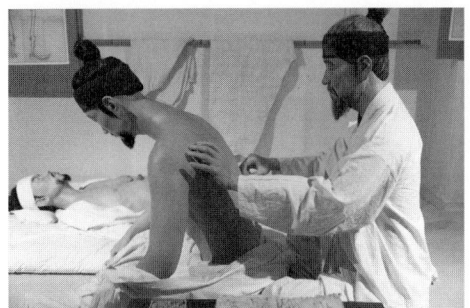

산청 동의보감촌의 한의학박물관과 한방테마공원의 일부 모습

주가 있다.

한방 기 체험장은 한강 이남에서는 가장 아름답고 뛰어난 한옥 건물이라고 평가 받는 동의전을 비롯하여 석경, 귀감석, 복석정 등 기이하고 독특한 기 바위가 있으며 대한민국 제4대 국새를 제작한 국새전각전과 도자기 명인들이 직접 구운 도자벽돌로 쌓아 올린 아름다운 연탑 등을 볼 수 있다.

이러한 볼거리와 체험거리들은 이곳이 아니면 전국의 어느 곳에서도 만나볼 수 없는 콘텐츠로 구성되었다. 특히 한방테마공원과 기 체험장 등은 다른 곳에서 모방을 할 수 없을 정도의 독특한 차별성 위에 오랜 시간과 정성을 다해 조성함으로써 보는 이들에게 감동을 선사한다.

콘텐츠를 염두에 둔
하드웨어 구축이 필요하다

　대체로 사람들은 하드웨어보다 소프트웨어의 가치를 높이 평가한다. 특히 문화관광사업이나 지역개발사업을 위해 하드웨어 사업에 집중 투자한 곳 중에서 관리부담의 문제가 부각되거나 대형 이벤트에 사용한 시설과 건물 등의 활용방안 모색이 어려운 지역에서는 더욱 그렇다.

　지방자치단체 입장에서는 대형행사를 유치하는 경우 대부분 국가나 광역자치단체의 지원 하에 진입도로나 문화, 집회, 숙박시설과 가시권 정비 등 도시기능 제고를 위한 인프라 사업을 일거에 해결할 수 있기 때문에 눈에 보이고 시급한 하드웨어 사업에 치중하지 않을 수 없다.

　이처럼 하드웨어보다 소프트웨어가 중요하고 사후활용방안이 가장 큰 고민인 줄 알면서도 관련 인프라를 무리하여 확충하는 것은 우리나라가 지방자치제를 시행하고 있지만 재정자치는 아직 요원하므로 지방의 예산 부담이 적은 기회를 최대한 활용하여 지역의 대형 사업 등을 해결해 보려는 욕구가 매우 강하기 때문이다.

또한 일반적인 시각처럼 하드웨어에 대한 투자가 언제나 바람직하지 못한 것만은 결코 아니며 사업과 행사의 성격상 필요한 규모라면 반드시 합당한 투자가 이루어져야만 하는 현실적인 이유도 있다.

다만, 투자에 앞서 꼭 고려해 보아야 할 것은 콘텐츠를 염두에 둔 하드웨어의 구축이 필요하고 하드웨어에 대한 부정적인 평가 또한 같은 연장선상에서 이루어져야 할 것이다. 즉 하드웨어의 구축 여부를 문제 삼지 말고 그 하드웨어가 어떤 콘텐츠를 담아낼 것인지, 어떤 소프트웨어를 위해 그 하드웨어를 구축한 것인지를 살펴보아야 한다.

건물이나 시설이 그 지역의 인구나 여건에 비해 일회성 사용에 그칠 확률이 높거나 뚜렷한 의미가 없는 단순관리용일 경우 과도한 투자는 지방자치단체에 부담이 되어 돌아온다. 그러나 그곳에 제대로 된 콘텐츠를 채워 넣거나 콘텐츠를 더욱 살리기 위한 방편으로 추가적인 하드웨어에 투자한다면 그것은 매우 바람직한 것이다.

또한 건물이나 시설은 무조건 하드웨어라고 생각하기 쉬우나 특별한 건물이나 시설로서 그 자체가 문화관광자원이 되고 볼거리가 된다면 그것은 이미 하드웨어가 아닌 소프트웨어의 영역이므로 더욱 정성을 기울여 관리할 필요가 있다.

예를 들어 매우 아름답고 정성스레 만들어 진 항아리에 금과 같이 귀한 것을 채우면 그 항아리가 빛나는 황금항아리가 되겠지만, 항아리의 아름다움을 보지 못하거나 그 자체가 부담스러워 그냥 방치하면 결국 쓰레기통으로 변하고 말 것이다.

이처럼 하드웨어와 소프트웨어의 가치와 중요성은 각기 그 자체만으로 단순 평가하기보다는 그 하드웨어의 독창성 등 관광자원화 가능 여부와 그 하드웨어에 담기거나 향후 담고자 하는 콘텐츠의 내용과 함께 판단해 보아야 할 문제라고 본다.

레이아웃, 운영과 관람편의의 기본이다

앞서 지역문화관광자원의 개발에 있어 중요한 관점으로 우선 방향성과 일관성 있는 투자가 필요하고 실행과정에서 그 투자효율과 가치를 제고함과 동시에 방문객의 감동을 자아내기 위해 사실감과 정성을 담아야 한다는 것을 강조한 바 있다.

그러나 대부분의 문화관광자원은 누군가에게 보여 주기 위한 목적에서 출발하므로 탐방시설과 전시체험 콘텐츠 하나하나의 사실감과 정성 못지않게 중요한 것이 레이아웃이라고 본다.

아무리 열과 성을 다해서 독창적이고 훌륭한 볼거리를 개발하였더라도 그것들이 제각각 불편하게 여기저기 떨어져 있어 관람동선을 엇갈리게 하거나 가던 길을 다시 돌아오게 하는 경우 관람자의 감동은 약해질 수밖에 없다.

또한 관람동선의 흐름이 비록 원활하게 구성되었더라도 전시나 체험의 구성내용과 전개가 순서 있게 배치되지 못하여 이야기나 테마를 들쭉날쭉하게 만든다면 개개의 훌륭한 볼거리가 빛이 나지 않고 전체적으로도 어수선한 가운데 보는 이들의 이해와 흥미를 저하시킬 것이다.

더구나 기후와 날씨의 영향, 바쁜 일정 등으로 관람에 제한을 받게 되면 관람 도중에 일부의 관람을 포기하는 현상이 발생하게 되고, 이런 현상이 많아지면 만족도가 낮아지고 부정적인 평가로 이어져 실패의 원인이 되므로 준비한 모든 것의 내용과 의미를 방문객이 편리하게 살피도록 레이아웃을 잘 하는 것이 매우 중요하다.

약초판매장이 잘 못 배치되어 힐링 엑스포를 방해하다

2013 산청세계전통의학엑스포는 입장수익과 관람객수는 물론 내용면에서도 크게 성공한 행사로 평가받았다. 그러나 내부적으로는 이 행사가 개최된 45일간 가장 큰 골칫거리로 조직위원회를 괴롭힌 사항이 있었는데 그것은 바로 약초판매장의 위치였다.

행사기획을 할 때부터 가장 큰 현장의 문제는 국내 그 어떤 엑스포에서도 경험해 보지 못한 산악지형과 경사지형을 어떻게 극복하느냐의 문제였다.

더구나 조직위원회에서는 힐링 엑스포를 지향하기 위해 행사장 내에는 친환경 전기차일지라도 도입수량을 줄이고 이용을 제한하는 한편 주요동선을 모두 그늘막으로 만들어 도보 위주의 관람을 기획하였다.

그러나 행사가 개막된 첫날 오후에 약초판매장 주민들의 집단민원이 발생하였다. 약초판매장이 행사장 입구에서 지형적으로 가장 높고 먼 곳에 배치되어 장사가 안 되니 대책을 세워 달라는 것이었다.

당초 행사장 레이아웃을 할 때 나는 사람들이 상품을 들고 다니는 것을 꺼리는 심리가 강하므로 약초판매장이 행사장의 상부 가장 먼 곳에 배치되는 것을 반대했었다. 그러나 행사장 입구에 공간이 적어 약초상가를 많이 배치할 수 없게 되자 산청군에서 지역 약초농민들의 소득을 위해 상부지점의 넓은 공터에 상가 배치를 강력하게 요구하여 결정된 것이었다.

약초농가들을 배려하기 위해 조직위원회의 방침에 맞지 않게 어렵게 내린 결정이었지만 오히려 장사가 잘 되지 않게 되자 약초농민들은 수십여 개의 약초판매장터를 엑스포장 정문 출입구 쪽으로 옮겨주거나 출입구에서부터 판매장까지 약초구입관광객과 상품수송용 차량운행을 허용해 줄 것을 요구하였다.

그러나 조직위원회 입장은 두 가지 모두 들어줄 수 없었다. 약초판매장터를 정문 입구로 통째로 옮겨달라는 것은 공간이 없어 불가능한 일이었다. 차량운행요구도 힐링 엑스포를 표방하며 행사장 내 차량통행을 엄격하게 제한해 온 조직위원회의 입장으로서 행사 이미지를 단번에 망가뜨리는 문제였다.

나는 한방약초사업단장 시절부터 잘 알고 있는 약초장터 대표자들과 성의 있는 대화를 나눈 결과, 관람객들이 약초상품을 사도록 유인하기 위해 골프장의 카트를 투입하여 구입한 물건을 입구까지 수송해 달라는 건의를 받아 골프 카트 4대를 긴급하게 임차하여 현장에 투입하였다.

그러나 골프카트가 비록 공해와 사고 위험이 적은 교통수단이었지만 우리 조직위원회 직원들은 45일간 혹시 사고가 나지 않을까, 힐링 엑스포의 명성이 헛되지 않을까 염려하며 불편한 가운데 수없이 가슴을 조였다.

나와 조직위원회 직원들은 이 사건으로 행사장 레이아웃이 행사운영 전반은 물론 관람객에게 얼마나 중요한 요소인가를 다시 한 번 깊이 깨닫는 계기가 되었다.

재방문, 스토리텔링이 생명이다

　　공무원이 지역사회의 변화와 발전에 중심적인 역할을 수행해 나가는 과정에서 직접 기획이나 집행을 하고 또는 아이디어를 내는 경우에 있어 조심해야 할 사항은 기대효과에 대한 과도한 낙관이나 다른 곳에서의 성공사례에 고무되어 지역여건과 실정을 비교 검토하지 않고 급하게 시행하려는 욕심이다.

　　대체로 문화관광사업의 경우에는 지역과 산물 전체의 인지도와 이미지를 높여 그 브랜드 가치를 제고하는 역할로 인해 교통, 숙박, 음식, 서비스업 등 지역경제 전체에 폭넓게 기여하지만 반면에 직접적인 수혜자가 확실히 드러나지 않고 단기간에 성과가 나타나지 않는 단점이 있다.

　　따라서 이러한 점을 미리 감안하여 실현 가능성, 투자예산의 규모, 효과 및 효율성, 확산파급 가능성 등 매우 다양한 부문까지 꼼꼼하게 살펴야 한다.

그러나 이런 과정을 거쳐 시행에 이른 사업일지라도 관광소비자들의 높은 기대 욕구를 충족시켜 지역 내 관광지를 찾도록 유인하고 한 번 다녀간 사람들이 재방문을 하고 입소문을 내어 다른 사람을 찾아오게 하려면 문화관광사업의 콘텐츠마다 독특한 스토리를 담아내는 것이 더욱 중요하다.

왜냐하면 재미있는 이야기는 기억을 유도하고 기억이 있어야 다른 사람에게 전달할 수 있다. 나의 경험, 나의 추억과 즐거움을 다른 사람에게 전달하는 자체가 또 다른 즐거움이며 고정된 시설과 딱딱한 상품 위에 녹아있는, 살아있는 이야기는 보고 듣는 사람의 감흥을 불러 와 입에서 입으로 확산된다.

세계최고의 氣, 동의보감촌 기 바위

산청군의 동의보감촌에 한방 기 체험장이 있다. 이곳에 기 체험장이 자리 잡게 된 배경은 우여곡절이 많다. 이곳은 원래 세불 민홍규 선생이 대한민국 제4대 국새의 제작단장을 맡아, 전국의 명당터를 찾아다니다가 발견한 곳이다.

산청이 고향인 세불 선생이 정부의 국새제작 공모사업에 인문(글씨 부문, 대한민국 네 글자)과 인뉴(손잡이 조각, 봉황 모양) 부문에서 모두 당선되었다는 소식과 함께 부산에서 국새 특별전이 개최되어 당시 강순경 담당(계장)과 배종성 군의원 등이 직접 방문하여 내용을 최초로 파악하였다.

그 후 나는 뜻있는 국새제작사업을 고향에서 하도록 권유하는 게 좋겠다는 군의회 등의 의견에 따라 담당과장으로서 서울에 직접 출장 가서 세불 선생을 만난 후, 군수님과 의회 등에 고향유치를 공식 보고함으로써 이 사업이 시작되었다.

세불 선생은 2007년 5월경 산청에 내려 와 고향인 생초면 대포마을과 인근의 명당터를 찾아 다니셨고 동의보감촌 내에 수풀이 무성한 현장을 나와 같이 두 번에 걸쳐 답사한 후 현재의 터를 점찍었다. 처음 그곳을 안내하였을 때는 그 터가 무엇이 부족한지 여러 번 망설이다가 나중에는 미처 못 본 것을 보았다며 천하의 대길지라고 하였다.

그 후 국새제작사업은 순조로이 진행되어 2007년 12월경 제작을 마쳐 정부에 인계되었고 다음해 2월부터 2년간 사용되며 국가의 상징이 되었다. 산청군에서는 이와 연계하여 국새와 국새의장품 16종을 종합 전시하는 국새관련 전시관 등 국새문화원을 조성하기로 하고 우선 국새전시관으로 쓰기 위한 등황전(현재의 동의전)을 건축하기로 한 후, 그 형식과 규모는 한국을 대표하는 최고의 아름다운 한옥을 짓기로 하고 세불 선생께 일임하였다.

세불 민홍규 국새 제작 단장은 이 공간 내에 세 곳의 주요 혈처를 찾아 석경과 귀감석, 복석정 등을 조성하는 것이 좋겠다는 구상과 함께 세부적인 의견을 피력하셨다.

당시 문화관광과장이던 나와 강순경 관광개발담당(계장)은 동의보감촌의 독특한 관광콘텐츠 구축을 위해 고민을 거듭하던 중에 세불 민단장님의 제안을 받아 즉시 실천에 들어갔고 마침 차황면 신촌마을 위에서 발견된 신석(귀감석)과 석경 등이 그 크기와 무게가 엄청났으나 매우 마음에 들었다.

동료 공무원들은 이 거대한 바위들이 소교량 3개소와 경호교량 통과 시 붕괴위험우려로 운반이 불가하고 일부 경미한 법규 저촉과 안전성 등에서 많은 위험이 따르는 것으로 만류의견을 내었다.

그러나 누구라도 옮길 수 있고 위험성이 전혀 없는 정도의 바위라면 무슨 볼거리가 되겠느냐는 판단 하에 혹시 잘못되면 나와 강순경 담당(계장) 둘이 공직을 그만 두자고 서로를 격려하면서 실행한 결과 하늘의 도움이 있었는지 무사히 옮겨 오늘날의 기 체험장이 되었다.

기 바위 조성을 어느 정도 마치고 이어서 웅장하고 멋진 한옥건물인 등황전(지금의 동의전) 건립에 다시 심혈을 기울였고 이러한 사업들이 가시적인 모습을 갖춰 갈 즈음에 뜻밖에도 전국을 떠들썩하게 만든 국새관련 사건이 발생하여 모든 공사가 중단되었다.

국새 제작 당시의 사건이 수개월동안 전국적인 이슈로 언론에 떠들썩하게 보도되었고 지역사회 일각에서는 '불미스런 사건에 연루된 국새관련 시설을 철거해야 한다.', '사용처도 없는데 큰일이다.' 등의 비판적 여론이 높아져 갔다.

나는 실무책임자로서 사건의 진행과정에서 발생하는 수많은 억측과 수십억 원의 사업비가 투입 된 건물의 후속 활용대책에 따른 비난과 논란 속에서 엄청난 스트레스를 받으며 고민을 거듭하였다.

고심 끝에 당시 이재근 군수님께 이곳에서 국새를 만든 것도 세계 최고의 천하길지이기 때문이니 국새전각전을 엑스포를 대비한 한방 기 체험장으로 바꾸는 것이 좋겠다는 구상을 말씀드렸다.

그 후 나는 사건 이전에 공사 현장에서 간간히 대화를 나눈 민단장님의 구상과 나의 짧은 상식을 바탕으로 연찬을 거듭하여 한방 기체험 스토리를 완성해 방문객이 올 때마다 설명해 나갔다.

처음에는 나를 비웃는 사람들이 많았다. 기는 실체가 없으므로 곧 미신이라는 이야기도 들었다.

나는 미리 연찬했던 주역의 일부내용과 한의학 상식, 파동과학, 제3의 경락 등을 토대로 더욱 많은 사람들에게 미약하나마 논리적인 설명을 해 나가면서 문화관광해설사와 농촌관광회원 교육 등을 통해 더욱 확산·전파해 나갔다.

▲ 석경에서 기를 받기 위해 늘어선 관광객들
▼ 귀감석에서 기를 받기 위해 운집한 관광객들

한방과 기의 연결은 당연했다. 한의학에서도 기와 맥을 최우선으로 살펴보지 않는가! 이곳이 기가 좋다는 소문은 날로 확산되어 나갔고 체험을 통해 승진이나 임신 등 효과를 본 사람들의 입소문이 퍼져 나갔다.

또한 기를 체계적으로 공부한 수많은 저명인사들이 이곳을 찾아 대한민국의 건강한 기운이 모인 곳이라는 것을 계속 확인해 줌으로써 관광객들의 발길이 더욱 이어졌다.

그 결과 2013년 9월부터 10월까지 45일간 개최된 2013 산청세계전통의약엑스포는 많은 콘텐츠가 사랑받았으나 단연 한방 기 체험장이 킬러콘텐츠가 되어 45일간 관광객의 줄이 끝없이 이어졌다.

그리고 지금도 동의보감촌을 찾는 관광객이 건강한 기운을 받기 위한 필수 체험코스로 많은 사랑을 받고 있다.

지역 정체성과 이미지를 살려라

　최근의 지방행정은 광역이나 기초지자체 할 것 없이 지역 문화관광자원의 발굴과 육성에 앞다퉈 나서고 있다.

　그중 지역문화에서 중요한 비중을 차지하고 있는 축제의 경우는 대략 전국에 1,200여 개를 넘는다고 알려져 있으나 그 성격을 위주로 크게 분류해보면 주민 위안형, 문화 관광형, 특산물 판촉형 등 세 가지 중 하나이거나 혼합형인 경우로 압축해 볼 수 있겠다.

　이렇게 많은 축제가 새로 생겨나거나 점차 확대 발전해 가는 이유는 상당수의 축제가 지역문화관광자원으로 기능함으로써 대외적으로는 지역의 이미지를 고양하고 정체성을 표출하며 대내적으로는 지역주민의 소득증대와 자긍심을 고취하여 지역발전과 사회통합의 수단이 되기 때문이다.

그러나 문화관광자원의 인위적인 발굴과 육성과정에서 지자체 간 비슷한 경향들이 나타나기 시작하여 의미가 퇴색되거나 경쟁력이 떨어지는 경우가 있는 것과 같이 축제의 경우에도 이런 경향들이 심각하게 나타나기 시작하였다.

축제는 그 내용을 들여다보면 각기 나름대로 발생 배경과 관련 환경은 물론 추구하는 목적이 각기 다르다. 그럼에도 불구하고 관광객의 수에 너무 집착하여 볼거리, 먹을거리, 즐길 거리를 강조하는 과정에서 획일화된 모습을 쫓아가고 있으며 지난 해 축제 현장에서 좋은 반응이 있었던 콘텐츠를 올해 다른 축제 현장에서 다시 만나볼 확률이 매우 높아졌다.

이는 지자체가 축제의 순기능에 너무 고무되어 성급하게 축제를 개발하려 하거나, 이미 개발된 축제가 콘텐츠가 빈약할 경우 순수 관광객의 유입효과보다는 지역주민 위주의 집안잔치로 전락하는 것을 염려하며 서둘러 다른 축제를 벤치마킹하는 사례에서 비롯되는 경향이 많다.

특히 독특한 차별성을 가지고 있는 우수한 지역축제의 경우에도 인기 위주의 공연이나 조화롭지 못한 조형물 등이 점차 늘어가고 있는 것은 대중적인 인기와 단기간의 성과에 관심이 큰 정치인의 성향도 한몫을 하고 있다고 본다.

그러나 축제는 무엇보다 본질을 살리고 잘 유지해야 한다. 방문객수에 너무 연연하여 본질이 아닌 잡다한 볼거리나 인기연예인의 공연 또는 축제 성격과 무관한 체험거리 등으로 관광객을 끌어 모아 놓고 만족해한다고 해도 이는 일회적인 효과에 불과하다.

특히 연예인들을 초청하는 공연은 축제의 본질이 주는 매력으로 인해 방문한 관광객들에게 덤으로 주는 것이지 그 자체가 축제의 주된 내용이 되어서는 안 되며, 잘 정리되고 오래 된 축제가 변화를 꾀하기 위한 수단으로 이것저것 손대다 보면 자칫 본질이 흐려져 퇴보할 수 있음을 고려해야 할 것이다.

다소 어렵고 힘들더라도 일시적 인기위주의 조급함에서 벗어 나 공무원이 중심이 되어 축제의 본질과 차별성을 살려 나가는 한편 정치적 변화 등에 흔들림이 최소화 될 수 있도록 지역 내 인적자원의 발굴을 통해 민간주도형 또는 민간참여가 활성화되는 장기적인 육성전략도 매우 중요하다.

또한 지역문화관광자원이나 축제의 발굴과 확대발전 전략에 있어 가장 우선적으로 고려해야 할 사항은 그것이 과연 지역의 정체성과 어떤 연관성을 가지고 있으며, 그것을 통해 지역의 이미지를 긍정적으로 발전시킬 수 있겠는지 여부를 중점 검토하는 일이다.

만약 지역정체성과 지역이미지제고에 부합하지 못하는 경우에는 그 추진동력이 얼마 가지 못하는 상황이 발생하거나 엄청난 행정력과 예산의 낭비로 이어질 수 있다는 점을 고려해야 할 것이다.

반면에 문화자원이나 축제 등이 지역의 정체성에 기반을 두고 내용적으로 우수하고 독특하여 지역 정체성을 살리면서 문화관광 및 축제의 소비자들에게 깊게 각인 되어 나간다면 일시적으로 관광객이나 지역상품 구매자의 숫자가 적더라도 장기적으로는 점진적이고 확고한 지역발전의 기제가 될 것이라는 확신을 가지고 노력해 나가는 것이 중요하다.

축제의 정체성과 본질을 훼손하지 않는 변화

나는 산청군의 한방약초축제 실무과장으로 3년간 근무하였고 이후 세계전통의학엑스포를 기획하여 집행하기까지 3년간 연관분야에 종사하면서 국내의 수많은 축제전문가를 만나 배우고 전국의 축제현장을 다니면서 이론과 실제를 경험해 보았다.

그러한 과정을 거쳐 산청의 한방약초축제가 발전하려면 다른 곳에서 볼 수 없는 독특한 문화와 가치를 보여주어야 한다는 결론에 이르게 되었다.

나는 2007년에 우선 개막식 공연을 오직 산청에서만 볼 수 있는 독특한 '명품약초 퍼포먼스'로 기획하였고 지역공연단체와 협력하여 '허준 마당극' 공연물을 만들어 선보이게 하였다.

그 이후 서울의 문화단체에서 '동의보감 진서의'(허준 선생이 동의보감 집필을 완료하고 그 책에 임금이 옥새를 찍어 주는 의식행사)를 고증하고 공연물로 만들어 개막식 무대에 선보이고 있다.

지역공연단체에서도 '허준 마당극'과 함께 새롭게 '약초골 효자전', '전통혼례판-굿' 등을 만들어 교대로 공연하고 있다. 이러한 개막식 무대 프로그램과 각종 공연물은 축제기간에 산청에서 볼 수 있는 산청다운 것들이다.

또한 공연보다 더 중요한 본질인 약초의 신뢰성 확보와 유지를 최상의 가치로 삼아 약초농가와 작목반 등 생산자 위주의 직접 판매 구조를 크게 부각하여 서울과 영천등 대도시 약초시장과의 차별성이 크다는 점을 중점 홍보해 나왔다.

이제 산청한방약초축제는 2013년 세계엑스포를 거치며 더욱 성장하여 2015년에 대한민국최우수축제로 선정되는 영광을 얻었고 지속적으로 대대적인 변신을 꾀하고 있다.

일각에서는 매년 계속되는 공연물도 다 바꿔야 한다는 주장도 있는데, 이는 축제관광소비자의 입장에서 고민하기보다는 지역주민들이 매년 되풀이해서 보기에 식상해서 바꿔야 한다는 생각도 반영된 결과로 보인다.

매년 그 축제에 참가하는 사람이 똑같은 주민위안형 지역축제라면 당연히 재미를 쫓아야 한다. 그러나 축제 관광객은 매년 새로워지고 그들은 독특하고 깊이 있는 지역문화를 맛보고 싶어서 온다.

삼바축제, 토마토축제, 맥주축제 등 세계적으로 성공한 축제들이 보여줄 것이 많아서 성공한 것은 결코 아니다. 매년 똑같은 내용이라도 그 축제가 주는 독특함에 반하고 환상적인 유희와 일탈이 주는 해방감과 낭만에 잠시 함께 해 보고 싶어서 방문하고 재방문하는 것이라고 본다.

따라서 산청한방약초축제를 본질적으로 이해하게 하는 독특한 공연물은 폐지보다는 신선한 내용과 구성으로 웃음과 즐거움을 줄 수 있도록 새롭게 각색하고 구성하여 깊이 있게 발전시켜 나가야 할 것이다.

특히 무엇보다 중요한 핵심은 축제기간에 산청에 가면 명품약초를 구매할 수 있다는 믿음과 함께 값이 싸고 다양하다는 즐거움을 선사하여야 한다. 또한 너무 욕심을 내어 한방약초의 본질과 전혀 관계없고 생뚱한 여러 가지 체험거리를 개발하는 것이 마치 변화인 것으로 착각하는 일이 없어야 진정한 의미의 발전이 있을 것으로 본다.

지리산 청정골, 산청약초의 우수성을 알리고 믿을 수 있는 약초를 기반으로 건강과 힐링의 진정한 가치를 선사하는 축제장터! 그리고 그 한방약초역사와 문화를 느끼고 미래를 전망해 보는 다양한 전시와 공연, 즐거운 볼거리, 유익한 한방의료체험들! 그것이 바로 산청한방약초축제의 정체성이다.

당연히 전국의 지자체마다 고민을 거듭하고 있는 축제의 개선에 있어서도 정체성은 더욱 깊이 있게 살리고 혼란스런 곁가지는 추려 나가는 선택과 집중의 전략이 매우 필요하다.

인근 지역 간 상생과 협력으로 시너지 효과를 높여라

우리나라의 지방행정체계는 17개 광역지방자치단체와 226개 기초자치단체로 구성되어 있으며 각 자치단체의 관할면적은 국토의 면적이 넓은 나라들과 비교해 볼 때 대체로 적은 편이라고 할 수 있겠다.

그러나 이렇게 넓지 않은 구역을 관할하는 각 지방자치단체들이 앞 다퉈 경쟁적으로 특색 있는 지역개발에 나서고 있으며 비슷한 여건과 소재를 바탕으로 한 관광개발에도 많은 관심과 열정을 보이고 있다.

이는 지방자치단체가 지역사회 경제 활력과 주민 복지 및 소득 향상을 위해 당연히 추구해야 할 매우 가치 있는 활동이겠으나 인근 지방자치단체와의 유사중복성을 가진 비효율적인 투자는 사전 검토 단계에서부터 신중을 기해 철저하게 배제하여야 할 것이다.

특히 과거에도 산과 강이 여러 개의 시도나 시군에 걸쳐 있는 곳은 거의 유사한 투자가 이루어져 왔고 지금도 전국 여러 곳에서 케이블카 설치나 관광교량 신설 또는 철쭉과 같은 생태관광자원확충 등 산지와 하천의 관광자원개발에 있어 충돌현상이 자주 빚어지고 있다.

광역지방자치단체인 시도에서는 이러한 마찰과 충돌을 예방하고 조정하는 광역행정조정기능으로 해소 노력을 하고 있기는 하지만, 민선시대 이후 광역행정 조정기능은 선거와 민심의 영향력과 눈치보기로 인해 쉽게 어느 편을 들어주지 못하는 사례가 많다.

그러므로 공무원들은 상호 인접한 시군이 공동으로 연계된 자원을 바탕으로 지역개발의 소재를 찾을 때는 무엇보다 인근 지자체간 상생과 협력의 시너지를 염두에 두고 실무에 임해야 한다.

지나친 애향심에 빠져 상대 지역을 무시하거나 인근 시군이 서로 모르게 일을 진행하기보다는 공개적인 절차와 협의를 거쳐 상호 공감을 확보하고 각 지역이 비교우위에 있는 부분을 서로 나눠 투자하며 부족한 부분은 공동으로 보완하는 지혜가 필요하다.

관광소비자 입장에서는 비슷한 콘셉트의 관광지가 서로 연계성 없이 분절되어 있다면 대부분 그 중 한 곳만을 선택하여 방문하게 되어 있으므로 지역 간의 불필요한 경쟁은 손님을 분산시킬 우려가 매우 크다.

따라서 전체의 콘셉트를 해당 지역이 공유하면서 중복성이 없는 볼거리와 체험거리를 상호 나누어 갖추는 한편 관광동선을 해당 지역에 걸쳐 일자형 또는 순환형으로 편리하게 배치한다면 방문객은 한 번의 방문으로 지역 체류기간을 늘이면서 전체를 모두 볼 수 있게 되므로 관광소비 매력도가 훨씬 높아질 것이다.

> 지리산을 하나로! 트레킹과 힐링의 세계적 관광 메카!
> 어렵고 오래 걸리지만 가능한 꿈!

우리나라의 지방자치단체가 문화관광사업 활성화를 목표로 공동 설립한 지리산권 관광개발조합이라는 조직이 있다. 2008년 11월 전라남북도와 경상남도의 남원, 장수, 구례, 곡성, 하동, 산청, 함양 7개 시군이 참여하여 전국 최초로 설립한 이 조합은, 영호남 소통과 화합의 상징이 되고 3개도 5개 시군에 걸쳐 있는 광활한 지리산과 인접 2개 군 지역을 하나의 통합문화권으로 육성발전 시키는 촉매가 될 것이라는 기대와 희망을 가지고 출발하였다.

나는 2015년 1월 1일 산청군 파견공무원의 신분으로 이 조합의 책임자인 본부장으로 발령받아 그간의 업무성과와 내용을 파악해 보니 보다 새로운 방향과 비전이 필요하다는 것을 발견하였다.

그간 지리산권관광개발조합은 시장, 군수님들의 의지와 조합회의(부시장, 부군수)의 내실있는 운영을 통해 권역 내 7개 시군의 사촌회 운영과 주민체육대회 순회개최 등 영호남 소통과 화합에 기여한 바 크고 지리산 둘레보고 공동브랜드와 캐릭터 개발, 지리산 관광정보의 일원화 및 모바일 어플개발보급, 지리산권 방문의 해 운영 등 많은 성과가 있었다. 그러나 다소 아쉬운 것은 중앙정부나 관광소비자가 진정으로 원하는 지리산통합연계관광에는 아직 진전이 없었다.

그간의 모든 사업은 선이 아닌 점의 형태로 추진되고 있었다. 그 이유는 조합출범 시 사전에 확정한 전체사업계획이 너무 세분화되어 조합재량의 여지가 적었고, 지난 7년간 참여시군의 이해관계 등으로 인해 대부분의 예산을 시군에 균등하게 분산 투자하였으며, 사업내용과 지역선정의 의사결정도 시군의 의견을 대부분 수렴하다 보니 지리산을 연계 발전시키는 효과는 미흡한 것으로 판단되었다. 이에 따라 새로운 비전과 방향을 정하고 이를 실천하기 위한 S/W전략을 만들어 우선 산청군수님과 남원시장님께 보고드리니 "지리산권관광개발의 방향이 잘 된 것 같다." "향후 시장, 군수회의 등을 통해 더 큰 아젠다개발에 나서자"는 말씀과 함께 공감해 주셨다.

이를 바탕으로 7개시군 부단체장으로 구성된 조합의사결정기구인 조합회의에서는 이러한 지리산권 S/W추진목표와 전략에 대해 상생과 협력의 의지를 다졌고, 조합에서는 지역 주민의 아카데미(관광대학)강좌와 언론, 홍보 등을 통해 지역사회의 공감과 실천 의지를 확산시켜 나가려고 노력하고 있다.

문제점 환기와 왜 이런 목표를 가져야 하는지

① 지리산권관광개발 조합이 하고 있는 사업은 시군개념을 탈피하고 지리산을 찾을 국내외 관광 소비자의 입장에서 무엇이 부족하고, 불편하고, 매력이 떨어지는지를 생각해야 한다.

② 7개 참여시군에서 욕심을 부려 개별사업 위주로 분산 투자가 되면 접근성과 이동 동선의 단절로 인한 불편함 등으로 관광매력도가 저하되고 결국 관광소비자의 외면을 받게 될 것이다.

③ 그러므로 지리산권 관광개발조합은 지리산을 하나의 통합문화와 순환관광지역으로 거듭나게 하여 '지리산을 하나로! 트레킹과 힐링의 세계적 관광 메카!'로 육성한다는 비전과 목표를 가져야 하며, 그렇게 되면 전국에서 주목하는 가장 필요한 조직이 될 것이다.

④ 지리산 통합관광의 개념은 현재의 관광객이 7개 지역을 일일이 찾아다니는 '1대1 매핑개념'이 아닌 지리산을 축(허브)으로 주변 시군(스포크)을 편리한 동선으로 연결하는 '허브 앤 스포크' 개념이다. 허브 지역이 활성화되어야 스포크 지역의 관광객이 늘어 지역경제가 살아난다.

⑤ 스포크 지역 내에서의 문화탐방, 공연, 전통시장 방문 등은 별개의 가깝고 짧은 확장동선으로 택시 등 대중교통을 이용하게 하여 방문객의 경제효과가 '허브→스포크→지역상가'로 확장

되도록 한다.

⑥ 문화관광시설건축 등은 상호통합연계성이 부족한 분산투자보다 관광접근로 시점과 종점의 거점투자 및 연결동선을 이어주고 보완하는 투자로 전환한다.

⑦ 권역 내에서 생산되는 우수한 농특산물의 브랜드 가치제고와 판매, 그리고 지리산권역의 통합문화와 이미지 제고를 위해 7개 시군의 실질적인 공동연계 협력기반 구축이 필요하다.

지리산 권역 순환관광의 개념

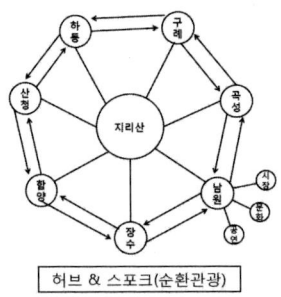
허브 & 스포크(순환관광)

관광접근성 편의제고로 매력도 상승

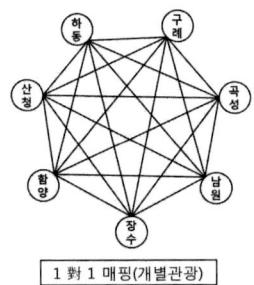
1 對 1 매핑(개별관광)

비용과다 이동불편으로 매력도 저하

세계적 관광메카 실현 가능성

① 3개 도, 7개 시·군의 복잡한 이해관계로 어려움은 따르겠지만 충분히 가능한 일이고 반드시 해야 할 일이다. 왜냐하면 지리산이 세계적인 관광지로 거듭나기 위해서는 지금의 분절 상태로는 불가능하기 때문이다.

② 지리산은 너무 넓어 힘들 것이라는 의구심은 바람직하지 않다. '스페인의 산티아고 순례길'은 800㎞에 달하고 '제주 올레길'도 425㎞인데 하나의 동선으로 연결되어 세계적인 관광지로 발전하고 있다. '지리산 둘레길'은 275㎞에 불과하다.

더구나 지리산은 이들 지역에 비해 곳곳에 수많은 문화유산이 있고 산, 강, 바다로 이어지는 풍부한 생태자원을 가지고 있어 통합연계 시 '세계적인 관광메카로 도약 가능한 더 큰 잠재적 매력과 시너지 효과를 기대할 수 있는 곳'이다.

어떠한 일들이 추진되어야 하나

① 우선 무엇보다 시급한 통합과제는 '지리산을 하나의 축으로 연결하는 대중교통망을 매력 있게 정비하는 일'이다. 전체 노선을 하나의 대중교통 노선체계로 만들기 어렵다면 우선 3개도가 도별 경계까지 분담하는 방안과 조합을 매개로 별도의 관광버스도입 등을 추진해 보는 방안도 있다.

시행초기에는 이용객이 적을 수도 있겠으나 관광선진국의 성공사례를 감안하여 승객이 어느 정도 확보되는 안정시기까지의 손실보상 등 장기적 지속적 투자가 반드시 필요하다.

편리한 교통망과 순환로가 갖춰지고 홍보가 이루어진다면 1회 방문으로 지리산 곳곳을 순환하며 편리하게 여행하고자 하는 국내외 탐방객들이 급속하게 늘어날 것이다.

② 다음은 '지리산 순환관광로의 편의와 안전정보 등을 확실히 갖추는 일'이다. 현재 지리산권역의 주요순환동선을 벗어난 곳에 점단위로 거점 투자되고 있는 H/W사업들은 투자효율이 낮고 사후관리 부담이 크다.

이런 점을 감안하여 향후 투자는 관광소비자의 관점에서 분절되고 단절된 순환동선의 연결과 구간정보 및 편의시설, 안전확보 지원프로그램 개발 등에 중점을 두어야 한다.

지리산 둘레길은 그간 많은 노력으로 전 구간을 연결했지만 너무 좁은 논두렁길이나 너무 긴 포장도로 등의 안전 확보와 우회로 개설 등으로 세계인들의 보편적인 트레킹 욕구를 충족시킬 수 있도록 더 사랑받고 편리한 길로 만들어가는 관심이 필요하다.

또한 시·군과 관리주체마다 의욕적으로 설치하는 각기 다른 이정표와 안내시설 등도 혼란을 주는 요인이 되므로 사단법인 숲길의 당초 의도한 바를 살려 종합적인 시각에서의 관리가 필요하겠다.

③ 다음의 통합과제는 지리산통합문화권의 정체성과 청정한 이미지로 브랜드 가치를 높여 '지역 내 우수 관광농특산품 판매를 촉진'하여야 한다. 이는 '7개 시군지역의 통합연계성이 확보될 경우 경제적 시너지 효과'가 기대되며 '두 가지 형태의 전략'이 필요하다.

첫째, '지산지소의 판매전략'이다. 이는 각 지역을 찾아오는 관광객들에게 생산 현지에서 직접 판매하는 것으로 유통단계가 없다는 장점을 가지고 있다.

그러나 7개 시군의 지역매장마다 각기 그 지역의 상품만으로는 관광객들의 다양한 구매 욕구를 충족시킬 수 없고 계절상품 등의 한계로 연중 운영이 어렵다.

따라서 7개 시군이 관광지마다 공동의 농특산물을 연중 같이 판매토록 체계를 갖춰 생산자와 소비자 모두를 만족시켜 나가자는 것이다.

둘째, '대도시에 7개 시군이 공동으로 참여하는 안테나샵을 운영하는 것'이다. 시군에서는 그간 의지를 가지고 대도시에 농특산물 판매장을 독자적으로 운영해 온 사례가 많지만 상품의 종류가 미흡하고 계절적 편중요인 등이 겹쳐 경영부담과 구매만족도의 저하로 성과를 보이지 못하고 있다.

게다가 해가 갈수록 청정농특산물에 대한 관심이 고조되어 도시마다 로컬푸드점이 새로운 소비 트렌트로 자리 잡고 있으나, 다행히 지리산만큼 확실한 브랜드 가치를 가지는 지역도 드물다.

그럼에도 불구하고 아직 시·도와 시·군으로 이어지는 행정체계를 벗어난 권역단위공동프로젝트 추진은 한계가 있어 지리산의 이미지와 정체성을 하나로 묶어 판매 전략에 이용하지 못하고 있다.

이제 7개 시군이 서로 내 것만 고집하지 말고 지리산권의 브랜드 가치를 담은 우수한 상품을 모아 연중 공급하고 공동 홍보해 나간다면 충분한 승산이 있다. 상품은 7배로 늘고 관리부담은 7분의 1로 감소한다.

안테냐샵이 성공한다면 그 다음은 더욱 체계를 갖춰 여러 도시로 공동판매장을 점차 확대해 나갈 수 있다.

지리산권역의 공동연계 마케팅사업에 있어 기존의 지리산권 관광개발조합이 그러한 연결과 매개체 역할은 물론 직접 판매장을 담당할 수도 있으므로 다른 지역에 비해 매우 유리한 고지를 이미 선점하고 있다고 본다.

④ 다음은 통합문화축제 박람회를 지리산권역이 공동으로 각 지역의 고유 축제 시 병행하여 7년에 한 번씩 순회 개최하는 것이다.

지리산권역의 산청한방약초축제, 하동야생차축제, 함양산삼축제, 구례산수유축제 등은 모두 지리산의 문화산업적 동질성을 바탕으로 발전해왔다.

그러나 이제 이러한 축제들이 글로벌 축제 도약과 엑스포 등으로 더 크게 발전하려면 새로운 콘텐츠의 보완이 시급하다.

따라서 7개 시군이 가지고 있는 문화산업적 역량과 지역공연물 등을 한자리에서 선보이는 통합축제박람회가 꼭 필요하다.

예를 들면 7개 시·군이 7년마다 한번씩은 다른 6개지역의 응원을 받아 산청한방약초축제나 함양산삼엑스포시에 남원시의 춘향공연과 동편제가 참여하고 남원 춘향제 행사에 산청의 허준 마당극이 참여하는 등 지역이 가진 공연과 문화를 한자리에 모아 거대한 잔치를 벌이는 것이다.

이는 콘텐츠 부족의 고민을 해결할 뿐만 아니라 관광객들에게 각 지역 축제의 본질을 유지하는 가운데 지리산의 통합문화를 권역내 어느 한곳에서는 매년 선보이는 계기가 되어 지역의 이미지와 브랜드 가치 상승으로 이어질 것이다.

만약 이런 네가지 구상들이 성사된다면 지리산은 하나의 관광지가 되고 지리산권은 지리산통합문화축제개최 등을 통해 동일문화권으로 거듭날 것이다.

또한 더욱 크고 다양한 공동의 의제를 개발하여 상호 협력 속에 내실 있게 실천해 나간다면 그간 이벤트와 구호위주의 영호남 화합을 넘어 영호남 사람과 관광농특산물이 서로 오고 가는 인적 물적 교류의 확대로 진정한 의미의 소통과 상생이 될 것이다.

지리산권역은 막대한 자본을 투자해 만든 대도시 위락시설이 가지지 못한 독특한 자연관광자산을 가지고 있다. 이들 도시의 위락시설 등과 지리산권역의 시골 지자체는 결코 경쟁이 되지 못한다. 잠시는 가능할지 모르지만 곧 거대한 자본이 만들어 내는 또 다른 위락시설에 밀리기 쉽다.

따라서 경쟁적으로 관광하드웨어를 갖추는 비효율적인 투자를 지양하고 지리산의 자연을 최고의 가치로 부각시켜 나갈 수 있도록 교통, 문화, 안전, 편의, 브랜드 가치 제고 등 소프트웨어 전략을 더욱 활성화시켜야 한다.

지리산을 하나로 연계하여 세계적인 트레킹과 힐링관광의 메카로 만들고 지리산권역의 정체성과 청정 이미지를 브랜드로 주민소득을 높이는 일이야말로 지리산권역의 자치단체가 가져야 할 가장 중요한 공동의 목표이자 비전이 될 것이다.

이는 어렵고 오래 걸리겠지만 이미 지리산권역 7개 시·군의 의지가 조합회의(부단체장) 등을 통해 결집된 바 있어 충분히 실현 가능하고 도전해 볼 가치가 매우 큰 꿈이라고 기대해 본다.

제**6**장

민간회사와 협력사업은 이렇게

금품, 향응은 절대금물, 무조건 피하라

공직생활을 하다 보면 대부분 누구라도 재임 기간 중 맡게 되는 크고 작은 공공사업을 민간회사와 함께 진행하게 된다. 일정 금액 이하의 물품구입이나 소규모 수선 및 보수공사 등의 경우 직영으로 시행하는 경우도 있지만, 대략 2천만 원 이상의 공사부터 시작하여 수백억 원에 이르는 다양한 공사를 법규와 절차에 의거 입찰을 진행하여 낙찰자가 정해지면 담당 공무원들은 그 회사와 파트너가 되어 시공과정을 관리하고 감독해 나간다.

최근에는 거의 사라진 모습이지만 회사의 입장에서 보면 입찰 이전의 단순한 사업 관련 정보에서부터 수주를 위한 유리한 경쟁은 물론 낙찰자로 선정 된 이후에도 당연히 담당공무원과의 관계가 원만하기를 희망하기 때문에 단순한 인정을 나누는 차원을 넘어 간혹 금품과 향응을 제공하는 사례가 발생하기도 한다.

아주 오래 전 과거에는 공무원이 관행처럼 기업에서 떡값을 받는 사례가 빈번하였고 개인이 은밀하게 수수하는 뇌물 수준의 금품수수와 달리 대개 공적인 예산으로 해결하지 못하는 민원해결과 부서운영이나 회식 등으로 사용하기도 하였다.

하지만 금액의 과다 및 사용처에 관계없이 요즘에는 거의 모두 사라졌으며 앞으로도 깨끗하게 사라져야 할 과거의 잘못된 관행이다.

그러나 개별적으로는 아직도 드물게 술이나 도박 등을 좋아하여 봉급외의 용돈을 탐하거나 과도한 접대를 받아 물의를 일으키는 사례가 발생 하는 것을 보면 금품, 향응에 대한 유혹의 정도가 여전히 크다는 것을 느낄 수 있다.

사실 오래 전의 과거에 내가 직간접으로 경험해 본 금품 향응 사례는 대부분 사업종료 후 인정을 나누는 정도와 부서의 회식이나 부서운영자금의 부족으로 서무나 경리들이 주로 용돈을 받았다.

이는 그 당시의 관행이었음에도 불구하고 문제가 생기면 서무나 경리들이 공적으로 사용한 부분까지 책임을 스스로 감당해야 하는 위험을 느끼며 늘 마음이 편하지 않았고 서무 경리들이 모이면 불평과 불안한 심리를 서로 나누기도 하였다.

이제 우리 공직사회는 과거에 비해 획기적으로 맑아졌다. 상급자가 과거처럼 과도한 요구나 불필요한 지출을 하지 않으며 규정 외의 회식도 거의 사라졌다.

적어도 서무 경리 담당자로서 상사의 부당한 지시나 직원사기진 작 등을 이유로 받기 싫어도 받았던 금품수수 부담은 해소되었다. 그렇다면 이제 금품, 향응의 수수는 다분히 개인적인 성향의 문제로 볼 수 있으므로 공무원 스스로 자신의 마음만 잘 다스리면 된다.

금품, 향응은 절대로 살림에 도움이 되지 않고 헛되이 쓰이는 법이다. 과거 이른 바 떡값정도의 금액은 관대하게 처분되던 관행이 이제는 아주 소액만 받아도 공직에서 퇴출되는 등 처벌이 엄격해지고 있다.

그러나 이러한 엄격한 단속과 적발에 따른 퇴출여부에 관계없이 일단 기업이나 사업관계자와의 금품수수가 있고 나면 그 때부터 공무원은 기업에 발목이 잡혀 사업의 관리 감독이 어려워지고 엄청난 예산을 낭비하게 되며 인간관계가 자칫 비굴해지기 쉽다.

이처럼 금품수수는 공직생활의 오점을 남기는 가장 큰 과오로써 무조건 피해야 한다. 공무원으로 성공하려면 초임부터 퇴직까지 부정한 돈과는 철저히 벽을 쌓고 살아야 한다. 순간순간 용돈이 부족하더라도 그 때만 잘 참으면 된다. 그것이 마음을 편하게 하고 평생을 편하게 한다.

기초생활 수급자 할머니의 때 묻은 돈

면장으로 근무하던 때의 일화다. 하루는 2층 면장실에서 내려와 민원창구 쪽으로 향하고 있는데 마침 민원창구 앞에서 어떤 할머니와 복지담당공무원이 옥신각신하고 있었다.

내용을 들어보니 연세가 매우 높아 보이는 할머니께서는 담당공무원이 너무 고마워 답례를 하고 싶은데 성의를 받아주지 않는다는 것이고 담당공무원은 마음만 받으면 된다며 거듭 할머니를 뿌리치는 것이었다.

나는 할머니의 거칠고 주름진 손을 잡고 손가락을 펴게 해 보니 천 원짜리 한 장을 여러 번 접어 손 안에 고이 간직하고 계셨다.

나는 순간적으로 담당직원에게 '할머니의 마음을 편하게 해 드려야지. 얼른 받고 감사드려라! 할머니 우리 맛있는 거 사 먹을게요.'라고 하며 담당직원과 같이 큰소리로 인사를 올렸다.

할머니께서는 아주 만족하신 듯 귀가하셨고 나와 담당직원은 서로를 바라보며 기분 좋게 웃었다.

시공사를 을로 대하지 마라

각종 공사를 시행함에 있어 시행청인 행정기관과 시공사의 관계는 그야말로 갑과 을의 관계이다. 과거 권위주의시대 행정에서는 시행청의 관계공무원이 과도한 권한을 행사하며 공사를 감독하였고 시공사에서는 시행청의 공무원에게 절대복종하는 문화가 지배적이었다.

나는 행정직 공무원으로서 인사, 기획부서에서 잔뼈가 굵었지만 부서장이 된 이후 13년간 특이하게도 경제도시과장, 문화관광과장, 한방약초사업단장, 엑스포준비단장 및 엑스포조직위원회 기획본부장 등 사업 부서에서 주로 일해 왔다.

그간 동료들과 함께 수행한 기억에 남는 공사만 하더라도 군청 앞 한마음공원, 산청군 하수종말처리장, 산청공설운동장 및 실내체육관, 문화예술회관, 삼장다목적 캠핑장, 전천후 게이트볼장, 장

승배기생태공원, 중산산악관광센터, 생약유통가공시설, 한의학 박물관, 한방테마공원, 국새전각전, 동의전 등 규모 있는 사업들을 다수 추진해 보았다.

그런데 같이 일해 본 동료 감독 공무원들의 태도가 시공사 및 시공에 많은 영향을 미치는 것을 경험하였다.

감독공무원이 실력이 모자라는 경우 권위와 큰소리로 군림하려는 자세가 많은 반면에, 실력과 식견이 충분한 경우 정확하게 지적하고 맥을 짚어 가며 합리적인 감독을 수행하였다.

회사로서는 어느 경우에나 감독 공무원의 말을 잘 듣고 따라 주지만 지나치게 권위적인 감독을 만나면 공무원의 무지를 간파하여 표현하지 않는 감정 속에 불쾌함을 공사품질에 반영하기도 한다.

또한 감독 공무원이 너무 고지식하고 깐깐하여 현장 해결 가능한 사소한 문제를 너무 키우는 경우 오히려 불필요한 개선을 위한 예산낭비 사례가 발생하기도 한다.

이런 점을 감안해 볼 때 시공사에 대한 공무원의 인식전환과 권위적인 감독행태에 대한 개선이 필요하다. 공사입찰 및 계약과 동시에 시공사는 더 이상 을이 아니다. 시행청인 행정과 협력자이며 동반자로서 최상의 결과를 내기 위해 달려가는 수레의 양 바퀴와 같다.

또한 대형공사의 경우 공사품질확보를 위해 외부감리 선임 제도를 활용하고 있으나, 결국 외부감리와 시공사 모두를 끌고 가는 최종 관리 감독 책임은 공무원에게 있다.

그러므로 시공사를 인격적으로 대하고 정상적인 현장 애로사항을 신속하게 수렴하여 최단 기간 내 해소해 줌으로써 공사의 기간을 단축하고 품질을 제고해 나가야 한다.

이처럼 공무원 생활 중 많은 공무원이 수없이 담당하게 되는 민간회사 입찰 참여 사업의 시공 감독에 있어 실력 있고 깨어 있는 공무원이라면 시공사를 을로 대하지 말아야 할 것이다.

잊었던 현장소장의 방문

2002년 경제도시과장으로 근무하면서 기초지자체 사업으로는 규모가 큰 산청 하수종말처리장을 건설할 당시의 이야기이다.

나는 수시로 시공 회사인 SK 건설과 감리단 그리고 공무원이 한마음이 되어야 완벽한 공사가 가능하다는 점과 갑과 을의 관계가 아닌 동반자적인 관계로서 시공사와 감리단은 시행청의 눈치를 보지 말고 각자 맡은 바 역할을 자율적으로 수행해 나가 달라고 부탁하였다.

주말이면 시행청, 시공사, 감리단 직원들이 팀을 이뤄 축구도 하고 밥값도 서로 교대로 부담했다. 공무원과 시공사가 격의 없이 현장의 애로사항을 수시로 토론하고 실정보고가 올라오면 가부간에 최대한 신속하게 검토하여 해결방안을 찾도록 하였다.

시공은 비교적 원만하게 진행되었고 나는 준공이 되기 전에 산청군 생초 면장으로 발령받아 근무하게 되었다. 세월이 1년 이상 흐른 어느 날 시공사의 최○○ 현장소장이 면사무소를 방문하였다.

'면장님이 경제도시과장으로 계실 때 제가 다녀본 현장 중에 가장 사람대접 받는 것 같아 눈 속이지 않고 정말 성실하게 일했고 부대경비도 절감될 수 있었습니다. 덕분에 공사 잘 마치고 며칠 전에 준공식 끝나 이제 본사로 복귀합니다.'라고 하며 준공식 기념 시계 등을 건네고 면 직원 전부를 초청하여 식사를 대접한 후 서울로 향했다.

까맣게 잊고 있던 현장소장의 방문과 동반자적인 관계가 성실 시공을 가져왔다는 말 한 마디, 그리고 아무 부담 없이 응할 수 있었던 식사 초대가 그날의 피로를 말끔히 씻게 해 주었다.

산청군 하수종말처리장

계약과 동시 갑과 을이 바뀐다

　공무원이 사업을 맡아 관련 행정 절차를 거친 후 민간회사가 선정되고 나면 회사의 부도 등 특별한 사유가 없는 한 공사가 완료될 때까지 상호 파트너로서의 관계를 유지한다.

　시공사가 잘 선정되면 공무원도 비교적 편하고 잘못 선정되면 공사의 진척이 어렵거나 부도위험에 직면하기도 하며, 심지어는 원청회사가 시공 중에 부도처리가 되어 하도급 근로자의 임금문제와 승계회사를 찾아야 하는 등 심적인 고통을 겪게 된다.

　대부분의 회사는 시공자로 선정되고 나면 가급적 시행청의 입장에서 모든 일을 협의하고 감독공무원의 지시를 마땅히 최대한 반영해 나가려고 노력하지만 손해가 발생할 것이 예측되는 민감한 사유가 있으면 기업의 생리상 시행청에 지속적인 개선 반영을 요구하게 된다.

특히 계약 이전에는 시공사에서 시행청의 요구를 다 반영해 줄 것처럼 호의적이므로 공무원들은 자칫 그런 태도를 믿고 과업지시서나 세부계약서를 허술하게 작성하는 사례가 적지 않은데 이는 언제나 시행청이 갑의 자세를 유지할 수 있으리라는 공무원의 착각 때문이다.

보편적으로 시행청인 행정기관이 우월적인 지위로 못 할 일이 뭐가 있겠느냐, 영원히 갑의 입장을 견지할 수 있는데 무슨 소리냐, 뇌물만 먹지 않으면 되는 거 아니냐 등의 생각을 하기 쉬우나 실무를 맡아 처리해 보면 절대로 그렇지 않다.

일부 공무원은 전문성이 떨어지기도 하고, 특히 한 번도 해 보지 못한 신규 사업의 경우 100% 완벽한 과업지시서나 설계를 장담할 수 없다.

앞선 사례를 참고한다고 해도 그 곳에서도 이미 수차례 과업지시가 현실적으로 바뀌었고 설계가 변경되었기 때문에 통상적으로 얻어 오는 최초의 자료에는 그런 변경내용이 담겨 있지 않다.

시공사는 그런 것을 이미 익숙하게 알고 있으나 계약서에 도장을 찍기 전에는 내색하지 않는다. 어떤 문제가 닥쳐도 다 해결해 줄 것처럼 말한다. 그러나 계약과 동시에 시공사의 요구는 늘어나게 되는데 허술한 계약의 경우에는 그 요구 정도가 많고 높을 수밖에 없다.

예를 들면 공무원이 내용을 잘 몰라 과업지시서 작성단계에서 회사의 자문을 받는 경우 회사는 행정청의 의사결정을 편하게 하기 위해서 행정청이 이미 확보하였거나 예상하고 있는 사업비에 맞춰 예산규모를 낮춰 주는 경우가 있고, 공사착공 후에 필수적으로 반영하거나 수정이 가능한 일부항목은 세부항목에서 빼기도 한다.

또 심한 경우에는 설계용역시 아예 공사비를 맞추기 위하여 일부 공종을 의도적으로 설계에서 빼거나 값이 싼 자재로 설계한 후에 그 설계를 기초로 하여 공사가 발주되고 나면 반드시 시공사쪽에서 다시 수정을 요구하게 된다.

이처럼 다소 불명확한 검토와 회사의 전문성에 기댄 설계 초안 작성과정 등을 거쳐 사업추진이 확정되었다 하더라도 이미 최종적인 의사결정이 이루어진 사업이므로 정해진 기간 내에 성과를 내야 하는 공무원의 입장에서는 진행 중인 공사의 품질확보를 위해 변경 요구를 들어주지 않을 수 없다.

또 어떤 경우에는 시공사가 자금난 등으로 휘청거리거나 하도급자에게 횡포를 부리고 근로자의 인건비를 주지 않는 사례도 많아 감독기관으로서의 갑의 입장이 아닌 근로자와 민원인의 입장을 감안하기 위해 시공사를 찾아가서 달래고 협조를 구하는 을의 입장이 되는 사례가 많다는 점을 꼭 기억하는 것이 좋겠다.

이러한 점을 감안해 보면 다소 귀찮고 힘들더라도 사전에 과업지시서 중 예산이 요구되는 부문의 상세하고 꼼꼼한 작성과 설계 항목의 누락 및 저가 자재 반영 등을 미리 파악해 볼 필요가 있다.

또한 시공기간 중 지속적으로 기업의 상태와 임금의 실제 지급 여부 등을 계속 체크하여 단계별 안전장치를 충실히 하는 것이 중요하다고 하겠다.

대체로 과업지시서나 설계안의 최초 검토 및 작성은 실무공무원이 하게 되는데 만약 이런 점을 미리 체크하겠다고 상사에게 보고하면서 과업을 진행한다면 매우 신중하고 일을 잘 하는 공무원이라는 믿음과 사랑을 받게 될 것이다.

시공사에 아이디어를 의존하지 마라

　나는 앞서 언급한대로 오랜 기간 사업부서에서 일해 오면서 많은 문화관광 자원개발사업을 해 보았고 그간 신규 사업의 아이디어를 제안하거나 직접 집행하는 과정에서 관련 학과 교수 등 전문가들을 만나 토론하고 자문을 받아 참고하였다.

　요즘의 행정은 과거와 달리 매우 복잡 다양하고 다기화 되어 전문성이 크게 요구되고 있으며, 특히 문화, 관광, 체육, 복지시설 등은 독창성과 차별성은 물론 수요자의 기대와 눈높이가 계속 올라가고 있음을 감안할 필요가 있기 때문에 더욱 다양한 전문가의 참여와 조언이 매우 필요하다.

　이러한 전문가 그룹 중 가장 많이 그리고 손쉽게 접촉하는 그룹이 설계사 또는 시공사 관계자들이고 설계와 시공과정에서 시행청인 행정의 담당공무원들은 자칫 아이디어가 부족하거나 어려운 부분이 생기면 그들에게 기대는 경향이 많다.

그러나 시공사 관계자가 지역의 실정을 지역의 공무원만큼 잘 알지는 못하므로 독특한 아이디어를 기대하기 곤란할 뿐만 아니라 대개 다른 지역에서의 시공사례를 비슷하게 권유하거나 또 다른 전문가에게 자문을 구해 와 시행청에 제출하는 경우가 많다.

전문가를 인정하고 전문가를 최대한 활용하여 사업의 성과를 높이고 시행착오를 예방해 나가는 것은 공무원에게 매우 필요한 활동으로 권장함이 마땅하겠으나 지난 수십 년간의 경험을 바탕으로 판단해 보면 공무원이 시공사를 너무 의존하는 것은 옳지 않다는 생각이 든다.

특히 공무원들이 시공 이전에 세부 아이디어가 다소 부족해도 일단 출발시켜 시공사에 맡겨 놓으면 전문가들이니까 잘 하겠지 하는 안일한 마음으로 시작하는 경우 대체로 실패가 많거나 독창성이 떨어진다는 점을 염두에 두어야겠다.

왜냐하면 대체적으로 전문가 그룹은 유사한 사업들의 이론적 지식이나 실행경험이 풍부하여 사업의 논리와 체계를 갖추는 전반적인 자문이나 균형 잡힌 시각을 견지해 나가는 데는 큰 도움이 된다.

그러나 지역 정체성이나 정서 등의 특수성을 간과하기 쉽고, 유사경험들에서 비롯된 비교적 손쉬운 벤치마킹 사례들의 권유와 독창성이 약한 통상적인 자문에 그치는 경우가 많다.

더욱이 시공사 입장에서는 이미 수주한 사업의 예산규모를 잘 알고 있고 아무리 좋은 아이디어라도 행정기관이 예산부담 계획이나 실행의지가 미약하다면 추가적인 반영이 어렵다는 점을 파악하고 있는 상태이기 때문에 당연히 예산이 추가로 수반되는 독특한 아이디어를 제공해 줄 것이라고 기대하기 곤란하다.

따라서 신규로 지역의 자원을 개발하고 이를 상품화하는 독특한 사업을 담당하게 되는 공무원들은 시공사를 의존하는 경향에서 벗어나 지역의 정서와 특성, 잠재력, 발전방향, 비전 등을 고려한 특수성을 최우선 고려하여 지역실정에 맞는 최적의 독특한 아이디어를 가급적 스스로 찾아내야 한다.

그 후 이를 세부실행계획에 담아내는 기술적인 과정에서 시공사와 전문가의 세심한 자문을 추가해 나가려는 의지와 노력이 매우 필요하다.

즉, 아이디어와 비전설정 등은 당연히 책임과 과실을 함께 나눌 당해 지역사회와 공무원의 몫이지 영리를 최종적인 목적으로 하기 때문에 자문의 한계를 가질 수밖에 없는 시공사의 몫이 아니라는 것이다.

공사기간을 믿지 마라, 거의 모두 연장된다

많은 사업들을 추진하면서 공통적으로 느꼈던 사항 중 공사기간과 관련한 것이 있다. 고속도로처럼 규모가 큰 국가사업이 아니라도 연차적 계속사업으로 진행하는 지방자치단체의 대규모 사업은 3~5년 정도 걸리기도 하지만 거의 대부분의 지자체 사업은 착공이 된 후 공사기간이 2년을 넘지 않는다.

준공이 늦거나 빠르거나 특별한 제한이 없는 공사의 경우에는 비교적 공기관리가 중요한 일이 아니지만 행사와 연계된 공사나 수해복구처럼 기후 및 계절과 관계되는 공사 등에 있어 공기관리는 그야말로 많은 스트레스를 가져다주는 핵심적인 관리 분야다.

나는 그동안 토목, 건축 등 분야가 다르고, 문화, 체육, 복지, 관광, 약초 유통시설 등 건물의 유형과 용도가 서로 다른 사업들을 다수 추진 해 보았지만 수의계약이 가능한 소규모 공사가 아닌 규모 있는 사업의 경우 공사기간이 지켜지는 것을 단 한 번도 경험해 보지 못했다.

시공사의 입장에서는 예기치 못한 일기로 공사를 하지 못한 우천일수와 설계에 반영되지 않은 공종의 추가 또는 변경 등을 이유로 공사기간 연장을 요청하게 되고 시행청의 입장에서 보면 공사기간 지연에 따른 패널티를 부과하기 애매한 경우가 많아 이를 수용하게 된다.

또 어떤 경우에는 비교적 여유 있게 공기가 부여되었음에도 불구하고 시공사가 인력과 장비를 다른 현장에 분산투입 하는 등의 사유로 공기가 촉박해 져 마감부분의 부실이 우려되는 경우도 발생한다.

이런 경우 시행청의 입장에서는 보다 완벽한 마무리를 위해 부득이 공기를 연장해 주는 사례가 빈번히 발생하므로 중요공사의 책임을 맡게 되면 반드시 공기를 살펴 여유 있는 마무리가 가능한 지 주기적으로 따져보는 것이 매우 중요하다.

왜냐하면 공무원의 입장에서는 당연히 자신이 맡고 있는 공사가 가장 중요하겠지만 시공사의 입장에서는 당해 공사 현장 외에 또 다른 공사수주로 장비와 인력을 교체 투입할 수도 있으며 이윤을 극대화하기 위해 유사 공종의 고의적 지연 또는 동시 시공과 중간 청소나 안전조치의 생략 등 공기에 영향을 미치는 행위가 매우 자주 발생하기 때문이다.

따라서 자신이 맡은 공사가 반드시 기한 내 완료되어야 하는 시기성 공사이거나 특별히 공기를 준수해야 할 필요성이 큰 사업이라면 일자별 공기관리를 더욱 촘촘히 하고 예기치 못한 우천일 등을 넉넉하게 감안한 공정관리가 매우 필요하다.

마무리 공기가 늘어난 산청엑스포 주제관

나는 2013 산청세계전통의약엑스포 준비단장을 거쳐 조직위원회 기획본부장으로 재직하면서 엑스포 주제관 공사기한을 개막일 넉 달 전으로 맞춰 놓고 공기관리를 하게 되었다.

처음 이 공사에 낙찰된 업체는 거제시에 있는 지방 건설업체로서 비교적 이름이 알려져 있지 않았고 사장을 만나 보니 엑스포 주제관 같이 큰 공사의 시공경험이 없다고 하였다.

조직위원회 입장으로는 건축공사가 제때 완료되어야 전시공사가 뒤따라올 수 있기 때문에 건축공사의 조기완공에 가장 큰 염려와 걱정을 하면서 시공사 사장을 만날 때마다 이 점을 특히 강조하고 9월 초 전시관 개관이 가능하도록 5월 초까지 건축을 마쳐 달라고 부탁하였다.

다행히 시공사가 경험은 부족해도 성의가 있고 봄비도 오지 않아 공사는 순조롭게 진행되어 공기보다 앞서 완공이 가능할 것 같은 기대감마저 있었다.

그러나 공정률이 70% 이상을 넘어서면서 건물이 가시적인 모습을 갖추게 되자 설계도를 볼 때는 예기치 못했던 문제점들이 나타나기 시작했다.

골조공사가 이루어진 임시통로를 따라 직접 점검을 하고 보니 행사규모를 감안해 볼 때 주요동선상의 통로가 몇 군데 협소하였고, 2층 로비가 좁아서 2층 로비 상판을 늘여야 했으며 진출입부 문도 작아서 모두 키워야 했다.

그 밖에도 엘리베이터가 불안정하고 한옥전시관 상판 내부가 노출되는 부조화로 단청을 비롯한 대체방안을 찾아야 했다.

조기완공이 기대되었던 주제관 건축공사가 오히려 공기가 쫓기는 가운데 마무리를 잘 하기 위한 보완시공이 추가되었고 하루하루 마음은 조급해져 갔다.

투입 가능한 인력을 추가로 투입하여 공사가 끝난 부분은 전시를 시작하고 일부는 전시와 건축마무리를 병행하는 식으로 공사 효율을 높여 다행히 8월 중순에는 공사를 모두 마칠 수 있었다.

그러나 9월 6일 개막식까지는 며칠 남지 않았고 이는 주제관 전시물의 착공이 순연되고 완성이 더디게 진행되어 마지막 보완을 허술하게 하는 원인이 되었다.

이러한 경험이 주는 교훈은 아무리 공기를 여유 있게 잡고, 공사가 순조롭게 진행되더라도 100% 완공까지는 결코 그 성공을 장담 할 수 없으므로 끝까지 긴장을 풀지 말아야 한다는 것이며, 특히 사용시기가 정해져 있는 공사의 경우 더욱 세심한 준비와 공정관리가 절실히 필요하다는 것이다.

동의보감 책을 형상화 한 산청엑스포 주제관 전경 및 야경

설계를 짜게 하지 마라,
변경하면 돈이 더 든다

지자체의 사업은 그야말로 백화점의 상품과 같다. 주민의 삶과 관계된 거의 모든 영역이 사업의 대상이다.

가정 내로 들어가는 상하수도관로 공사부터 마을의 상하수 시설, 안길과 진입로 및 간선도로와 교량에 이르기까지 마치 우리 몸에 피와 산소를 공급하는 통로와 같은 사업이 있다.

옹벽이나 축대 등 안전과 관련된 사업이 있고 실내체육관, 공설운동장, 테니스장, 그라운드 골프장, 게이트볼장, 농구장 등 심신단련 시설이 있으며, 청소년회관, 노인복지관, 장애인복지관, 문화예술회관, 의료원 등 문화 복지 시설과 지역 특산품의 생산 장려 및 가공 유통과 관련한 시설도 있다.

이러한 사업들은 각기 사업 분야별로 기능과 용도에 따라 일부 공종은 다르기도 하지만 일단의 대지 위에 건축물을 세우게 되는 공사의 경우 대체로 토목, 건축, 조경, 전기, 통신공사 등으로 나누어진다.

그 중 도로와 교량가설 등의 토목위주 사업은 공종과 단비가 비교적 단순하여 시공과정에서 발생하는 사소한 민원처리 등 일부 설계변경에 그치는 경향이 많은 반면에 복합적인 건축공사의 경우 공종이 비교적 복잡하여 설계 시 미 반영된 부분을 보완하는 변경이 자주 가해진다.

그러나 이와 같이 예기치 못한 사유로 인한 설계변경이 아닌 경우도 간혹 발생하는데 이는 사업을 구상하거나 착수하는 시점에서 예산을 절약해 보려 하거나 아니면 예산이 부족하여 설계를 매우 짜게 하는 경우라고 하겠다.

대체로 이런 경우에는 공사가 시작되고 나면 필연적으로 설계변경이 이루어지거나 설계변경이 되지 않는 경우 부실공사의 원인이 되기도 한다.

왜냐하면 시공사로서는 이윤을 극대화하기 위해 공사 수주 이후 설계내역을 분석하여 문제가 있는 자재와 공종을 반드시 시행청에 제시하게 되어 있고, 시행청의 입장에서는 이미 착수한 사업을 되돌릴 수는 없으므로 시공사의 실정보고나 문제점 보고를 받아들인 후 감액과 증액부분의 상계 등을 거쳐 최종 확정을 하게 된다.

따라서 이런 경우에 최초 설계 시 겉으로 보기에는 예산이 절약되는 것처럼 보이기 쉬우나 공사 진행 후에 새롭게 반영되는 설계변경액은 거의 모두 당초에 반영한 것보다 대체로 높게 형성되는 결과를 가져와 예산이 낭비되기 쉬우므로 가급적 최초 설계가 합당한 수준의 설계가 되도록 노력하여야겠다.

마무리에 신경 써라, 품질의 척도다

어떤 사업이나 할 것 없이 담당이나 담당자 또는 관리자로서 사업현장의 주요공정을 확인해 나가는 것은 부실공사를 예방하고 문제점을 찾아 미리 보완하는 데 있어 가장 필요한 수단이다.

그러나 각종 사업을 추진하다 보면 다른 업무가 바빠서 주요공정을 제외 하고는 당해 사업장을 자주 나가 보지 못하는 경우가 많고, 공사가 마무리 될 시점에는 긴장도 풀어지고 관심도 약해지기 쉽다.

이처럼 잠시의 방심으로 마무리 감독이 미흡한 경우가 흔히 발생하는데 주요공정을 잘 관리하여 아무리 성실하고 튼튼한 시공을 했다고 해도 최종적으로 눈에 보이는 부분이 미흡하면 이를 보는 사람들은 공사 전체를 부실공사로 여기게 된다.

따라서 시공이 마무리 될 시점에는 더욱 자주 현장을 찾아 동선상의 문제나 출입문의 상태, 화장실 등의 소품, 건물과 창틀의 틈새, 미끄럼 방지 안전시설 등 전반적인 마무리 상태를 꼼꼼하게 살펴보는 것이 매우 중요하다.

제**7**장

중견공무원, 리더로 살아남기

공직에서의 리더십이란

세계적인 리더십 전문가이자 경영 사상가인 사이먼 사이넥은 리더십의 핵심은 '무엇을', '어떻게'라고 하는 것보다 '왜'에서 출발하는 것이라고 한다.

이는 조직 구성원에게 무엇을 어떻게 하라고 주문하고 지시하는 것보다 조직구성원이 '왜 이 일을 해야 하는지'에 대한 이해와 공감을 통해 기업의 목표와 비전에 대한 가치관을 공유할 수 있도록 조직원들과 계속 커뮤니케이션 하는 리더십을 말하는 것이다.

기업은 물론 소통의 가치가 점차 중요시되는 이 시대의 행정조직 내부에서도 더욱 절실한 리더십이라고 하겠다.

그러나 이처럼 '무엇을, 어떻게'보다 '왜'에서 출발하는 이해와 소통의 리더십을 기본으로 하되, 행정조직의 특성상 기업과 다른 조직문화를 감안한 리더십도 병행할 필요가 있다고 생각한다.

행정조직의 존립목적은 영리를 추구하는 기업과 다르고 투입과 산출의 성과가 비교적 명확하지 않아 공무원이 일을 안 해도 표시 안 나고, 일을 잘 해도 과연 그 사람의 능력 때문인지, 아니면 당연히 그런 성과가 나타난 것인지 명확하지 않은 일들이 너무 많다.

예를 들면 어느 공무원이 자기가 맡은 업무의 재량 범위 내에서 시기적으로 지금 꼭 하지 않아도 되는 관광 개발, 문화 복지 시설 확충, 도시 재정비 등의 사업을 자신이 맡은 시기에 혼신의 노력으로 예산을 확보하고 시기를 앞당겨 시행하였다고 가정해 보자.

법령에 정해진 사업이 아닌 관광, 복지, 도시계획시설정비 등 지방 사무는 관점에 따라 평가가 다르고 수혜자와 비수혜자의 입장이 엇갈리며 특히 시행과정에서 주변의 민원이 많이 발생한다.

이때 대부분 수혜자는 관망자가 되고 비수혜자나 민원관계자 혹은 선거 시 현직 단체장의 반대편에 있던 비판적 인사들은 부정적인 견해에서 비판의 목소리를 높여 담당공무원을 힘들게 한다.

또한 소수의 의사결정관계자나 참여자를 제외한 일반 시민들은 그 일이 지금 해야 되었던 일인지, 몇 년 후에 될 일을 앞당겨서 한 일인지 잘 모르기 때문에 대부분 위험을 무릅쓰고 열심히 일한 직원에게 인센티브가 주어지기도 힘들고, 때로는 민원인 상호간 다툼 또는 오해와 시기 속에 수사나 감사가 따르기도 한다.

따라서 너무 이성적 판단에 치우치면 일하지 않고 나서지 않고 튀지 않아야 조용하고 편하다는 무사안일과 보신주의가 팽배해지기 쉽다.

그러나 머리보다는 가슴이 시키는 대로 지역사회와 국가발전의 중심은 공무원이고 언젠가는 주변에서 자신을 제대로 평가해 주겠지 하는 소신과 함께 일을 피하는 비겁하고 부끄러운 사람이 되지 않겠다는 의욕과 사명감으로 능동적인 공무원 생활에 임하는 것이 미래의 성공을 보장하고 후배로부터 존경받는 길이 된다.

이렇게 긍정적인 자세로 주위와 직장 내의 평가도 좋아지고 경험과 능력이 점차 높아짐에 따라 개인적인 업무를 넘어 부서 내 또는 조직 전체의 업무에 대한 안목과 조정, 협조와 협의 등 리더십의 덕목이 필요해지는 시기가 되면 과연 어떤 점을 생각해 보아야 할까?

이런 시기가 딱히 언제라고 정해진 것은 없지만 대략 부서 내 위치가 차석이나 담당 이상이 되기 시작하면 후임도 들어오고 관여하는 업무의 영역도 많아져 상하 간 허리 역할도 해야 하며 때에 따라서는 결재권한과 관계없이 실질적인 의사결정의 주체가 될 수도 있다.

이때부터는 중견공무원으로서 단위업무만의 개인적 역할을 넘어 리더의 역할도 주어지기 시작하는데 다음 몇 가지를 참고하면 좋을 듯하다.

잔소리 대신 해결사 리더십을

여자들이 듣기 싫어하는 남자들의 대화 중 으뜸은 군대 이야기, 축구 이야기라고 한다. 지금은 여자들도 군에 입대하고 남자 축구 못지않게 여자 축구 경기도 재미있고 팬도 늘어나는 추세이지만 대화상대나 주변의 공감을 받지 못하는 화제는 늘 지루해질 수밖에 없다.

그렇다면 직장의 후배들이 싫어하는 선배의 이야기 중 으뜸은 무엇일까? 그것은 바로 '옛날에 내가 그랬다'는 이야기일 것이다.

시대는 변하고 법과 지침, 행정환경이 변하는데 매사 관행에 안주하여 '옛날에는 이렇게 했다'고 한다면 후배들이 믿고 따라 오겠는가. 면전에서는 수긍하는 척 해도 돌아서서는 '차라리 합리적인 의사결정에 방해가 되는 선배가 없으면 좋을 것'이라는 생각을 할 것이다.

그러므로 공직선배로서의 경험과 업무처리 관행이 시행착오를 예방하는 등 판단에 도움을 주기는 하나 늘 옳은 것은 아니라는 점을 염두에 두고 행정의 흐름과 변화의 핵심에 자신의 경험을 더해 합리적인 판단을 해 나가는 것이 매우 중요하다.

특히 선배공무원으로서 또는 상사로서 후배들을 리드 할 때는 무엇보다도 결정적 한 방의 리더십이 필요하다.

평이한 업무의 경우 후배들 스스로 개선책을 찾아보고 창의적 아이디어를 보태는 자율적 분위기를 조장해 주는 한편, 직원들이 어려워하거나 스스로 판단하기 어려운 복잡한 기획이나 의사결정을 할 때 자신이 나서 책임 있는 결정을 내려 주는 것이 좋다.

또한 지독한 민원이나 업무 스트레스에 시달리는 경우에 개입하여 합리적인 해결책을 제시해 나간다면 후배들의 존경과 사랑을 받게 될 것이다.

특히 업무에 정통하지 못하거나 자신감이 없는 상사의 경우 사소한 근무관계 단속 등으로 부하직원들을 질책하고 관리하면서 큰 일에는 나서기를 꺼려하고 복잡하고 예민한 의사결정은 자꾸 미루는 경우를 보게 되는데 이는 최악의 상사 이미지로 남게 될 수도 있을 것이다.

네트워크를 강화하라

행정환경은 나날이 복잡하고 다양화 되어 간다. 시대적 변화나 상황에 적응해 가기 위해 법령과 제도가 바뀌고 유사 기능의 조직이 합쳐지거나 새로운 기능의 조직으로 분화한다. 또한 행정은 그 자체로 존재하지 않으며 행정의 대상이 되는 상대방과 주체 또는 객체의 자격으로 늘 상호 호흡하고 소통하며 새로운 결과물을 끊임없이 생산해낸다.

이처럼 행정은 살아있는 유기체이다. 따라서 행정을 둘러싸고 있는 다양한 환경과의 네트워크는 이제 공무원이 수행하고자 하는 활동과정 전반에 걸쳐 필수적이고 중요한 요소가 되었다.

주요사업계획의 수립 이전에 추진동력을 확보하기 위한 사전 공감형성과정이나 집행과정에서 시행착오의 예방과 성실시공을 담보할 수 있는 전문가의 참여, 완료 이후 수혜자의 만족도 측정 등 네트워크의 활용분야는 나날이 확대 되어 간다.

따라서 중견공무원이 되면 자신만이 가진 평소의 네트워크나 그 부서 내에 이미 구축되어 있는 네트워크를 십분 활용하는 기법들에 관심을 가지고 있어야 하며 복잡하고 어려운 과제를 부여받거나 후배공무원이 어려움을 겪고 있을 때 이러한 네트워크를 잘 활용하여 훌륭한 조력자 역할을 다 해 나간다면 부서 내의 존경받는 리더가 될 것이다.

술은 못해도 술자리는 같이 해야

나의 공직평생 고민거리는 술자리였다. 적당한 술은 몸을 따뜻하게 해주고 혈액순환을 도와주는 것으로 알려져 있으나 나는 체질상 술이 몸에 맞지 않았고 정반대였다.

억지로 술을 마시고 나면 위장이 정지된 것처럼 굳어지고 머리가 아프고 심장이 뛰었다. 남들은 잠이 안 올 때 술을 한잔 마시면 잠이 잘 온다고 했는데 나는 술기운이 다 깰 때까지 잠이 안 왔다. 내가 마실 수 있는 양은 소주잔으로 겨우 두 잔 정도였다.

그러나 나는 공식적인 회식 자리나 사적인 모임을 피하지 않았다. 비록 술을 많이 마시지 못하였지만 술자리를 즐기며 동료들과 친해지고 그들의 이야기를 듣기 위해 한두 잔의 소주를 극히 조금씩 나눠 마시며 주당들이 누리는 시간을 같이 나누었다.

특히 중앙부처나 도청 및 전문가 집단 등 지역의 현안과 개발을 도와 줄 위치에 있는 사람들과의 만남과 교류에 있어서는 주량이 늘 부담은 되었지만 식사를 같이 즐기며 마음을 함께 나누는 것으로 더 깊은 교감을 이끌어 내려고 노력하였다.

술을 하지 못한다고 술자리를 자주 피하게 되면 당연히 활동영역이 점차 줄어들게 될 것이며, 술을 잘 하지 못하더라도 적극적으로 참석하여 '제가 술이 좀 약합니다.'라고 솔직히 말하고 같이 담소하고 어울리다 보면 네트워크는 보다 강해질 것이다.

편안하고 겸손한 리더십을

　조직 내에서 중추적인 역할을 수행하게 되는 중견공무원으로 성장하면 자칫 혈기와 패기로 똘똘 뭉친 젊은 나이에 두려울 게 무엇이고 내가 능력이 출중한데 눈치 볼 일이 뭐가 있겠느냐는 생각을 할 수 있다.

　그러나 세상은 결코 젊음이나 능력만을 무기로 살아갈 수 없으며 더욱 소중한 다른 가치들이 많이 존재한다. 그 중 공손과 겸손은 아마 젊음이나 능력 못지않게 직장 내에서 동료들에게 쉽게 다가서고 자신의 이미지를 좋게 형성하는 매우 유용한 방안일 것이다.

　초년시절에는 대부분 첫 발을 들여 놓은 직장이 낯설고 두려워 탐색전에 임하듯이 자신을 낮추고 공손하지만 중견공무원으로 성장하면서 공손함과 진지함이 약해지고 상사들에게는 깍듯이 대하면서도 후배들에게는 거드름을 피우거나 맡은 바 직무가 가지는 사소한 권한을 과도하게 행사하려는 경박한 행동이 나타나기도 한다.

그러나 공손한 마음이란 초년시절에만 잠시 가지는 미덕이 아니며 언제나 한결같아야 한다. 낯섦이나 두려움 때문이 아닌 자신이 몸담은 직장 내에 형성되어 있는 기존의 질서와 가치들을 신뢰하고 존중하며 그 일원이 되고자 하는 적극적인 마음이 바탕이 되어야 한다.

또한 초년시절의 공손함이 나이가 들고 경륜이 쌓이게 되면 겸손함으로 바뀌어야 한다. 현대사회는 존경이 거의 사라진 시대이다. 오히려 직위가 높아지면 높아질수록 특별한 실수를 하지 않더라도 적이나 안티 팬이 많아지고 악성루머나 모함에 시달리기도 한다.

따라서 직위가 올라가고 나이가 들수록 더 언행을 조심해야 한다. 상사의 통상적인 말이나 행동도 후배들이 듣기에 따라서 불쾌감을 느끼거나 고압적인 분위기를 줄 수 있고, 면전에서는 표현을 하지 않겠지만 마음의 상처로 남게 되면 쉽게 다가오지 않으려 할 것이다.

이런 점을 감안하여 성실하게 실력을 쌓아 경험과 능력을 발휘해 나가는 것 못지않게 자신의 행위로 인해 다른 사람들이 불편하거나 상처받지 않도록 공손하고 겸손한 마음을 유지 해 나가는 것이 매우 중요하며 이런 자세는 일부의 안티 팬을 제외한 상하급자 대부분의 존경과 사랑을 받는 계기가 될 것이다.

남의 말속에 아이디어가 있다

　공무원 입문 초기에 자신의 정체성을 잘 알리고 조직문화에 적응하며 기본적인 소양을 갖춘 후, 업무처리에 능숙한 사람으로 거듭 나게 되면 몇 번의 승진을 거쳐 일정한 분야를 총괄하는 관리업무를 맡게 된다.

　이러한 시기가 되면 개인적인 업무처리 능력 못지않게 단위부서를 총괄하는 업무책임과 담당 내 구성원의 직무수행을 조정하고 지원하는 협의와 협력의 능력이 더욱 요구된다.

　이때는 부서 내 직원 상호간의 편안한 대화분위기를 조성하여 원활한 의사소통의 중개자 역할을 다 하여야 하며, 개인적으로는 직원들의 이야기를 최대한 많이 들어야 한다.

　직원들과의 대화는 형식과 대화 주제에 관계없이 진솔하게 경청

하고 상대방을 배려하는 것이 매우 중요하며 대화 중 상대방의 말을 중단시키거나 너무 경솔하게 가부표현을 하거나 성급한 결론을 도출하려 하지 말고 우선은 끝까지 들어주는 자세가 기본이 되어야 한다.

더구나 내가 알고 있는 모든 것을 상대방에게 말하려 하는 것은 자신의 지식의 한계를 드러내는 것에 불과할 수도 있다.

반대로 남이 하는 말을 자주 듣는 것은 상대방의 지식을 내가 추가로 얻어내는 과정이 되므로 많이 들어주는 것은 상대방의 신뢰와 아이디어도 얻게 되고 편안하고 부드러운 리더십도 발휘하는 일석이조의 방법이다.

지장, 덕장은 나중에, 우선 용장이 되어라

　흔히 용장보다는 지장, 지장보다는 덕장이 되어야 한다고 한다. 조직과 부서를 관리하고 부하직원을 통솔함에 있어 용감함보다는 지혜로움이 낫고 그보다 더 나은 것은 덕으로서 사람을 대하는 일이니 동서고금을 막론하고 이에 따른 고사나 일화가 많이 회자되는 이유이기도 하다. 또한 앞서 이야기 한 '왜'의 리더십과도 유사한 덕목이라고 하겠다.

　그러나 조직 내 계층의 모든 관리자가 지장이고 덕장이면 누가 조직의 어려운 일을 해결해 나가겠는가? 시장, 군수 등 최고 책임자나 실국, 과장 등 부서의 관리자라면 당연히 지와 덕을 겸비하고 '왜'의 리더십으로 조직을 통솔해 나가는 것이 마땅하겠다.

　그러나 중견공무원 모두가 지장, 덕장의 리더십을 추구 하는 것은 자칫 조직이 느슨해지고 활력이 떨어지는 원인이 될 뿐만 아니라 오히려 일을 열심히 하는 사람이나 그렇지 못한 사람의 경우에도 공정한 평가를 받지 못하게 된다.

흔히 조직 내 하위직들이 상급자들의 행태 중 대표적인 꼴불견 사례로 꼽는 경우는,

첫째는 지혜가 잔머리로 발전하여 어려운 일은 회피하거나 부하직원을 앞세우고, 이득이 생길 만한 자리에는 만사를 제쳐 놓고 직접 나서 공을 가로채는 경우이며, 둘째는 후덕함이 지나쳐 부하직원이 일을 열심히 하거나 그렇지 않거나 무관심하고 불균형을 알아도 쉽게 조정해주려 하지 않으며 이슈와 갈등에 휩싸이지 않음으로서 그저 사람 좋다는 소리나 듣는 리더십인데, 이런 두 가지 경우의 리더십으로는 결코 조직의 발전을 도모할 수 없을 것이다.

그럼에도 불구하고 이런 부류의 직원이 대개 큰 고생 없이 순탄하게 공직생활을 하고 승진과 보직 인사 등에서 앞서 나가는 경우가 있는데 이는 그 지역과 조직의 미래를 위해 바람직하지 못한 것이다.

그러므로 경험이 무르익어 적어도 소규모 팀의 리더가 된 중견공무원 시기 이후부터는 후배들에게 일과 실적을 통한 가시적인 리더십을 보여야 한다.

이러한 모범적인 리더십의 핵심은 바로 솔선수범의 리더십으로서 어렵고 힘든 일을 주저하거나 눈치 보지 않고 '내가 먼저 할 테

니 따르라'는 용장의 리더십이다. 또한 후덕함에 숨어 편안함을 추구하기 보다는 힘들고 어려운 일을 하는 부하직원들의 공과를 제대로 평가 하고 고생한 직원에게 합당한 보상을 해 주려고 백방으로 노력하는 당찬 선배의 리더십이라야 한다.

'NO'라고 말할 수 있는 용기와 자신감

자치단체장이 관선에서 직선으로 바뀌면서 과거에 비해 불합리한 인사가 심해졌다는 언론보도가 늘고 있다.

선거에 의해 당선된 지자체장들이 선거 결과에 집착하여 논공행상에 치우치거나 소수의 가까운 인사들에게 들은 편향된 정보를 바탕으로 독단적인 인사를 시행하게 되면 그야말로 조직은 불안정해지고 조직원들은 지자체장의 눈에 들기 위해 지역과 주민을 외면하기 쉽다.

그래서 민선단체장 하에서 바른 말 하는 공직자가 줄어들었다는 이야기도 들린다. 한 번 단체장의 눈에 나면 4년 내지 8년간 힘든 시기를 거쳐야 하고 공직생활의 여정이 순탄치 않게 된다.

그래서 단체장의 지시에 불응하거나 반대하는 것이 매우 힘들지만 그것이 불합리한 지시라고 판단된다면 불리함을 감수하고라도 과감하게 아니라고 이야기해야만 한다.

그러나 특별하고 예민한 사안이 발생하였을 때 승진을 앞 둔 직원이나 중요 보직을 염두에 둔 직원들은 언행을 더욱 조심하며 심리적으로 위축되어 있기 때문에 부서장이 그런 불합리한 지시나 문제를 과감하게 풀어 주기를 희망한다.

따라서 어느 정도 책임 있는 위치에 오른 공무원이라면 부하직원들의 고충을 대신 살펴 바른 말을 할 수 있는 용기와 자신감을 가져야 하며, 그것이 비록 잠시는 단체장의 심기를 불편하게 하겠지만 멀리 보면 오히려 단체장의 옳은 판단을 도와주는 충언이 되고, 결과적으로는 지역과 주민을 위한 단체장의 치적이 된다.

또한 충언은 처음 시작이 어려울 뿐 진실한 충언이었음을 단체장이 믿는 계기가 형성되고 나면 조심스럽지만 다양한 분야에서 진솔한 대화를 나누는 관계로 발전할 수도 있다.

종합공설운동장을 새로 신축하세요

2006년 생초면장에서 군청 문화관광과장으로 발령을 받아 중요사업현안을 살펴보니 산청군 종합공설운동장 신축이 가장 큰 규모의 대형사업이었고 이는 당시 권○○ 군수님의 역점사업이었다.

공사내용은 기존 산록부에 건축하여 사용 중인 종합공설운동장을 헐어내고 구역 내 전체 부지를 약 5미터씩 절취하여 부지를 더 넓게 확장한 후에 한옥구조의 본부석과 관람석을 갖추고 육상트랙을 국제규모로 맞추는 등의 사업인데 공사비는 약 200억 원 규모로 추정되었다.

나는 발령과 동시에 다른 지자체의 사례를 파악해 본 결과 종합운동장 신축 지자체마다 계속 증가되는 엄청난 사업비로 고민을 하고 있었고 우리 군의 계획사업비도 여기저기 과소하게 설계되어 얼마나 추가예산이 들어갈지 예측하기 어려웠다.

발령 일주일쯤 되는 시점에 군수님께서는 내게 다시 한 번 그 사업의 중요성을 강조하시며 빨리 기존의 공설운동장 스탠드를 철거하고 기초공사에 착수하라고 지시하셨다.

나는 며칠을 검토하여 군수님께 ① 종합공설운동장은 현재의 군민 인구를 감안할 때 결코 작지 않다. ② 육상트랙은 국제규격이 아니어도 군민들 위주의 경기를 치르는 데 큰 문제가 없다. ③ 본부석은 일 년에 몇 번 사용하지 않는데 수십억 원을 들여 한옥구조로 바꿀 필요가 없다. ④ 현재의 공설 운동장 부지 전체를 5미터씩 낮추는데 드는 절토비용 대비 확장 효과가 그렇게 크지 않다는 말씀을 드리고, 신축추진이 매우 어려우니 그 대안으로 ① 기존본부석과 스탠드를 전체 우레탄으로 깔끔하게 도포하고 ② 기존의 시멘트 평면관람석에 개인별 관람의자를 설치하며 ③ 운동장은 인조잔디 축구장으로 시공하는 등의 내용을 담아 약

80억 원 규모의 리모델링 사업이 좋겠다는 말씀을 드렸다.

이에 군수님께서는 이미 설계까지 마친 신축사업계획을 리모델링 사업으로 변경하는 것에 대하여 큰 부담과 서운함을 피력하셨다.

그러나 결국 200억 원 규모의 신축계획을 80억 원 규모로 축소하여 리모델링을 추진하는 변경 건의가 채택되었고 이미 설계에 낭비한 예산에 대하여 군 의회 설명과 이해를 구해 공감을 확보하였다.

그 후 산청종합공설운동장은 후임 이재근 군수님의 재임 초기에 군의 재정부담을 최소화하는 가운데 빠른 기간 내에 리모델링 사업을 완료하게 되었고 현재까지 특별한 불편 없이 잘 사용하고 있다.

산청군종합공설운동장(리모델링 전)

산청군종합공설운동장(리모델링 후)

제**8**장

자존감과 꿈이
공직역량의 원천

피할 수 없으면 즐겨라

흔히 피할 수 없다면 즐기라는 말이 있다. 기왕에 주어진 일이고 꼭 해야 할 일이라면 스스로 의미를 부여하고 즐겁게 그 일을 하라는 뜻이다.

공무원이 각기 부서에 발령받아 업무를 분장 받게 되면 업무의 양이나 난이도가 균등하게 배분되지 못하는 사례가 매우 흔하다. 그것은 동일 부서라도 시기적으로 업무량이 다르고 민원이나 현안의 발생 여부 등에 따라 업무량이나 난이도가 수시로 변하기 때문이다.

내가 그동안 경험해 본 직원들의 업무를 대하는 태도는 대체로 세 가지였다.

이는 어떤 업무라도 잘 처리해 내는 경우, 아쉽지만 그런대로 잘 처리하는 경우, 힘든 것을 오래 못 버티고 잠시 있다가 다른 부서로 옮기는 경우인데 업무량이 많더라도 잘 버티는 경우는 대체로 매사에 긍정적이며 즐겁게 임하는 직원들이었다.

나는 공직생활의 대부분을 일이 힘들고 많은 부서에서 근무하였고 특히 일에 파묻혀 지낸 젊은 시절이 있었는데, 80년대 중반에 조직관리, 인사, 행사, 여론, 서무, 단체관리 업무 등을 담당하는 군청 행정담당부서에 말석으로 들어가 6급 승진까지 약 7년간 내리 근무하였다.

나이와 경력이 적고 업무는 태산이라 아침 일찍 출근하면 밤 12시가 넘어야 퇴근을 하게 되었고 휴일은 아예 엄두조차 낼 수 없었다. 심지어 아내가 출산을 했을 때도 제때 병원에 가 보지 못했다.

초기에는 '이건 사람 사는 게 아니다, 반나절이라도 좋으니 휴일을 제대로 쉬어 보았으면!' 하는 생각도 했지만 같이 근무하는 선배들도 나와 똑같이 근무했으며, 그분들의 능력과 열정을 바라보며 점차 내가 하는 일이 중요하다는 생각을 하게 되었다.

일단 내가 처한 현실을 인정하고 나니 마음이 편해졌다. 그야말로 졸병으로서 상사들 눈치 본다고 힘든 표정을 짓지도 못하고 일을 미루어 본들 누가 대신 처리해 주지도 않을 거라는 것을 깨닫는 데 그리 오래 걸리지 않았다.

일을 즐거운 태도로 대하기 시작하자 능률이 배가되고 만성적인 피로감도 줄어들었다. 일에 대한 완급조절능력도 생겨 다른 부서의 협조문서나 공통사무를 우선 처리하여 동료와 협조부서의 불편을 끼치지 않았고 내 본연의 일은 야근으로 늦춰 시간을 가지고 꼼꼼하게 처리하였다.

일이 즐거워지고 반복적인 학습이 되다보니 동료들이 다른 업무에 비해 부담을 느끼는 각종 행사의 연설문 작성도 1시간 정도의 짧은 시간 내에 처리할 수 있었고, 다소 복잡한 기획안도 하루저녁을 넘기지 않고 처리하는 경우가 많았다.

일에 대한 나의 이러한 태도는 말단시절 자연스럽게 형성되어 공직생활 내내 이어졌다. 무엇보다 세부적인 단위업무의 중요성 못지않게 지역 전체를 보고 비전을 생각해 보는 것이 보람 있었다.

어떤 어려운 일이 닥쳐도 그것이 어려울 것이라는 생각보다는 접하자마자 가장 긍정적인 해결방안을 찾아보는 습성이 몸에 뱄으며 부정적인 생각이 들지 않았다.

더욱이 의욕이 너무 강한 나머지 때로는 법과 규정을 세심하게 살피지 못하는 사례도 있었지만, 이는 실수라기보다는 다분히 의도적이었다.

왜냐하면 나는 공직생활 내내 지역의 발전과 다중의 이익에 부합되는 사업이라면 공무원이 오해를 받고 내부징계를 당하는 경우가 발생하더라도 '피해서는 안 된다. 때로는 합법성보다 합목적성이 더 중요하다. 그 판단의 기준은 지역사회와 주민이다.'라는 확고한 생각을 가지고 있었다.

따라서 지역사회와 주민을 위한 일이라면 겁내지 않고 즐겁게 임할 수 있었으며 나름대로 많은 보람도 느꼈다.

공무원으로 입문하여 공직 기간 내내 편하고 쉬운 업무만을 담당하고, 세간의 오해와 징계의 경계를 넘나드는 사업을 추진하지 않아도 되는 관운이 있다면 그것은 엄청난 행운일 것이다. 그러나 그런 경우는 매우 드물다.

그러기에 기왕 주어진 업무라면 업무의 양과 난이도에 연연하여 너무 힘들어 하지 말고 스스로에게 질문해도 부끄럽지 않은 열정과 의지로 성취의 보람을 느낄 수 있도록 긍정적이고 즐거운 마음으로 임하는 것이 좋겠다.

또한 이러한 자세와 긍정적인 시각으로 주위를 돌아보면 의외로 그런 열정과 의지를 지닌 선배와 동료 공무원이 많다는 것을 느끼게 될 것이다.

일이 많으면 오해도 많아, 자존감만은 지켜라

앞서 피할 수 없으면 즐기라는 이야기 속에 공직 내부에 의욕과 열정을 가진 공무원이 의외로 많다는 것을 언급했다.

이렇게 열정적인 공무원들이 가장 힘들어하는 부분은 다중의 관심이 집중되거나 바라보는 시각에 따라 평가가 엇갈리는 어려운 사업들을 맡아 추진하는 과정에서 수많은 오해와 억측을 견뎌내야 하는 부분이다.

단순 민원이나 법규를 운용하는 부서, 행정지원부서 등을 제외한 사업부서에서 공직생활을 오래 하다 보면 예상 하지 못한 여러 가지 어려움이 생긴다.

대부분의 공무원은 재직기간 중 사건사고 없이 퇴직에 이르지만 적지 않은 공무원들이 자신의 직무와 관련하여 민원이 발생하거나 어려운 사업을 추진하는 과정에서 부득이 법령을 일부 위반하거나 잘못 해석하여 집행하는 사례가 생긴다.

또한 이런 일들이 잘 넘어가지 않고 문제로 비화될 경우에는 내부감사와 징계를 받거나 심한 경우 수사를 받고 민 형사적인 책임까지 지게 된다.

선배공무원들은 흔히 '공무원이 관운이 있어야 승진도 잘 되고 어려운 일도 피해 갈 수 있다'고 말한다. 공직 입문 초기에는 이런 이야기가 아무 근거도 없고 마치 미신처럼 여겨져 대수롭지 않게 흘려버렸지만 오랜 세월을 지나면서 점차 그 의미를 알게 되었다.

같이 근무하는 동료 중에 정말 착실하고 성실한 직원인데도 불구하고 우연히 통상적인 직무수행의 민원상대방들이 서로 이해가 엇갈려 다투는 과정에서 사건에 연루되어 징계를 받고 승진에 누락되는 사례도 있고, 자신의 부서에서 발생한 일로 연대책임을 지는 경우도 있으며, 열심히 일하는 과정에서 오해를 받아 진정 투서 등으로 인한 수사로 심적인 고통과 스트레스를 받는 사례도 적지 않다.

선배들은 오해 받을 수 있는 일은 가급적 피하라고 조언하고 공무원 스스로도 공직에서 잔뼈가 굵어 가면서 자연스럽게 체득하기도 하지만 어려운 민원이나 사업을 억지로 피하게 되면 무사안일이 되고 기회주의자가 될 것이므로 그야말로 운에 맡기고 정도를 걸어야 한다고 본다.

나는 공직생활을 시작하고 처음 20여 년 동안 주로 인사, 기획, 서무, 의회업무 등 주로 지원부서를 맡아서 일해 왔다. 군의 미래방향을 설정하고 조직과 인사 등 공무원과 관련된 일이 많아 업무량은 많았지만 사건이나 민원에 시달리지는 않았다.

그러나 사무관으로 승진된 이후에는 사건의 연속이었다. 아마 지방공무원 중 나만큼 오해도 많이 받고 경찰과 검찰의 수사를 자주 받은 사람은 없을 것이라는 생각을 해 본다.

다음에 소개하는 경험과 같이 그러한 사건의 연속에도 그나마 공무원 신분을 유지하고 자존감을 지킬 수 있었던 것은 내가 하는 일이 오해가 많을 것이라는 것을 늘 염두에 두고 금품과 향응으로부터 자유롭기 위해 노력해 왔다는 점이다.

산청 한마음공원조성 보상의혹사건

첫 사건은 사무관으로 승진하여 의회전문위원을 거쳐 경제도시과장으로서 도시계획업무를 맡아 앞서 '기획은 현장에 있다' 부분에서 기술한 내용과 같이 산청군청 앞 쌈지공원 조성사업을 추진한 직후의 일이다.

당시 내가 사업계획을 수립해서 시행해 보자고 할 때 동료직원들과 주변에서는 나에게 사업비 규모와 민원 등을 고려할 때 추진이 어렵지 않겠느냐는 걱정스런 조언을 많이 하였다.

그러나 나는 군의 상징이자 얼굴인 군청 앞이 너무나 좁고 불량하여 이 사업을 꼭 해보고 싶었고, 당시 보고를 받은 권철현 군수님께서도 흔쾌히 결재를 해 주었다.

총 사업비는 33억 원으로 추계되었는데 건물은 허름해도 군청 앞이라서 보상비가 많이 나왔으나 다행히 군비보다는 국도비 위주로 예산확보가 잘 되어 별다른 부담 없이 사업은 매우 순조로웠다.

그러나 사업이 거의 마무리되기 2개월 전에 나는 생초면장으로 자리를 옮기게 되어 준공은 보지 못하는 아쉬움이 있었는데 뜻밖에도 그 이후 보상을 받은 주민과 다른 민원들이 얽히면서 혹시 사업추진 및 보상과정에 의혹은 없었는지 하는 투서가 검찰에 제출되었다. 그에 따라 보상 관련 서류와 관계 주민들에 대해 내사가 진행되어 수개월 이상의 시간이 흐른 뒤에 결국 무혐의로 종결 처리되었다.

이 사건은 그 당시로는 군청 앞을 일시에 재정비한다는 생각을 아무도 하지 못했을 만큼 획기적이어서 세간의 관심이 집중되었고 군에서 많은 보상을 주어 외지로 인구가 유출된다는 악의적인 소문과 함께 보상을 받은 사람 중 일부가 주변의 신뢰를 받지 못하는 등 여러 가지 요인이 복합적으로 작용하여 발생한 것으로 추측되고 있다.

그 후 쌈지공원 조성사업은 이처럼 어려운 과정을 거치면서도 차질 없이 준공되어 한마음공원으로 명명한 후 군민들의 크고 작은 문화행사 공간으로 사랑 받고 있으며 읍 소재지 경관을 깨끗하고 쾌적하게 선보이는 핵심적인 역할을 하고 있다.

전임면장 주택진입도로 지원특혜사건

두 번째 사건은 군청 경제도시과장을 거쳐 산청군 생초면장으로 재직하던 2004년에 발생하였다.

어느 날 진주시에 살고 있는 전임 A 생초면장이 '퇴임 후에 생초에 와서 살고 싶어 집터를 사 놓았는데 진입로 포장을 해 주었으면 좋겠다'고 건의하였고 담당직원도 인구유입차원에서 지원이 바람직하다고 보고하였다.

마을 이장과 인근 주민들의 협의를 거쳐 지원을 결정하고 설계를 하여 진입로 포장이 완료될 때까지 모든 것이 순조롭게 진행되었다.

그런데 진입로 포장 준공 이후 건물의 위치를 잡으면서 사건은 발생하였다. 전임 면장이 집을 지으려고 기초공사를 한 부분이 정확하게 뒤에 위치한 S씨 문중의 제각을 일직선으로 가리게 된 형국이었다.

S씨 문중에서는 조상들의 신성한 참배 공간을 가린다는 이유로 강력히 이의를 제기하였고 전임면장은 S씨 문중의 의견을 무시하고 철근 콘크리트 골조공사를 강행하였다.

이에 마을 전체가 거의 S씨로 구성된 집성촌 주민들은 전임면장의 잘못을 들춰내기 위해 행정절차위반여부나 자연석 반입, 진입로 포장지원 문제 등을 검찰에 진정하였고 그중에 진입로 포장 지원 부분에 대해 전현직 면장이 개인적 친분에 의한 지원 의혹으로 중점적인 수사를 받게 되었다.

수사 초기에는 내가 직권남용과 공무 집행 상 손해를 끼친 혐의로 중점적인 수사를 받았으나 면장의 업무 중에 인구유입을 위한 시책추진이 가능하며 다른 지역에서의 지원사례를 포함한 소명자료와 전임면장과 사적인 친분이나 거래가 없었다는 점을 제시하여 무혐의로 종결되었다.

사실 전임면장은 처음에는 마을 주민들의 호응을 받았다. 공직자로서 자신이 재직하던 타향에 애정을 가지고 땅을 사고 집을 짓겠다고 하니 환영하는 것이 당연했다.

이처럼 좋은 의미로 출발하였지만 집의 기초를 잡으면서 주변 여건을 고려하지 못하고 집단민원을 대수롭지 않게 여겼다. 또한 사건이 발생한 이후에도 자신의 행위가 법적으로 정당하고 억울하다며 주민들과의 협의에 소극적이었다.

그는 결국 이 사건으로 인해 주택건립이 좌절되고 계속되는 수사로 인해 안타깝게도 공직생활을 접을 수밖에 없었다.

이 사건을 통해 공무원의 순수한 업무집행도 때로는 전혀 예기치 못한 오해로 비화될 수 있으며 법적인 정당성에 너무 집착하여 집단민원에 소극적인 자세로 임하지 말고 주민여론을 잘 살펴 나가는 것이 중요하다는 것을 더욱 느끼게 되었다.

대한민국국새문화원 건립지원사건

세 번째는 생초면장을 거쳐 문화관광과장으로 재직하던 기간에 추진한 대한민국 제4대 국새의 제작과 관련한 사건이다.

산청군의 동의보감촌 내에 조성한 국새전각전과 한방 기 체험장에 대하여는 앞서 '세계 최고의 기, 동의보감촌 기 바위' 부분에서 이미 기술한 바 있어 그 조성배경과 내용은 생략하고 사건의 내용을 중심으로 간략히 언급해본다.

과학적 근거와 이론을 바탕으로 현대식으로 제작하여 사용하던 우리나라 제3대 국새가 글자를 새긴 인문 부분에 금이 가는 현상이 나타나자, 정부에서는 과학적 방법에 의한 국새제작 대신 조선왕실의 국새제작 비법을 전수받은 전통방식의 장인을 찾기에 이르렀다.

그리하여 전통국새 제작단장으로 선정된 세불 민홍규 선생이 2007년 하반기에 산청군의 동의보감촌에 내려 와 국새작업을 하였고 그해 12월 제4대 국새가 완성되어 정부에 인계되었다.

흔히 사람들은 국새는 단지 국가를 상징하는 도장으로만 여기는

데 국새와 관련된 문화는 그야말로 전통문화의 꽃이요, 황실문화의 정수라고 할 수 있다.

왜냐하면 국새는 국새 단일품으로만 존재하지 않고 국새를 올려 놓거나 보관하는 소안상, 배안상, 보자기, 보자기의 자수, 매듭, 국새 관련 의장품을 넣어 두는 함, 장석 등등 우리의 전통문화인 16가지 의장품을 모두 포함한다.

따라서 이런 독특하고 차별화 된 훌륭한 문화상품들을 산청의 관광자원으로 활용한다면 매우 가치 있는 사업이 될 것이라는 착안을 하게 되었다.

곧이어 세불 선생의 제안을 바탕으로 내부 보고 및 의회협의 등을 통해 국새전각전과 등황전 및 부속건물, 그리고 석경과 귀감석, 복석정 등을 포괄하는 국새문화원을 건립함으로써 한·중·일 3국에서 이미 안타깝게 사라져 버린 황실의 전통국새문화를 되살리기로 하였다.

이에 우선 인프라를 갖추기 위해 국새전시관으로 사용할 우리나라 최고 수준의 전통한옥인 등황전을 건립하기로 하고 사업의 콘셉트를 유지하고 예산 절감을 위해 등황전 건축과 주변의 기 체험 시설 공사 전반에 대해 세불 선생에게 민간자본보조로 위탁하여 사업을 추진하게 되었다.

이런 과정 속에 제4대 국새도 성공리에 탄생하여 2008년 2월 노무현 대통령의 새 정부 출범과 함께 납품되어 2년여 동안 외교문서와 훈포장 고위공무원 임용장 등에 날인되어 국가를 상징하는 최고의 권위로서 잘 사용되었고 등황전과 관련 체험시설 공사도 순조롭게 진행되었다.

그러나 전체 공정이 약 70% 정도 진행된 2010년 8월 중순경 갑자기 시끌벅적 한 사건이 터졌다. 이는 2년 동안 아무 탈 없이 사용하고 있는 제4대 국새에 관한 것으로서 국새 제작 시 남은 금을 세불 선생이 횡령한 의혹이 있다는 내용을 시작으로 시차를 두고 금도장 정치권 로비의혹, 국새인뉴 봉황의 부리 안쪽에 세불 선생의 호를 새겼다는 것으로 확대되고 급기야는 전통방식이 아닌 현대식 방식으로 제작하였다는 혐의로 점차 눈덩이처럼 커져 갔다. 게다가 세불 선생에게 우리 군에서 지원한 등황전 건축 등 국새문화원 사업비 중 일부를 횡령한 혐의까지 더해져 관계공무원도 함께 수사를 받기에 이르렀다.

그러나 수사를 받는 것 보다 더 힘들었던 것은 이 사건이 워낙 정치적 사회적인 이슈 속에 오랜 기간 동안 언론의 주목을 받아 지역사회에서도 관심이 뜨거웠다. 또한 일부에서는 관계공무원이 혹시 세불 선생과 금전적인 유착의혹이 있지 않나 하는 오해를 하고 있어 이를 감당해내는 것도 힘든 일이었다.

그 사건이 발생하여 전국적인 이슈가 될 때 나는 우리 부서 내 담당 직원들과 대화를 통해 내부에서는 아무도 불미스런 금전거래가 없다는 것을 확인하고 당시 이재근 군수님께도 여쭈어 보았다.

'혹시 세불 선생에게 금 도장 받으셨습니까?' 군수님은 아니라고 대답했다. 나는 다시 말씀드렸다. '그렇다면 우리 산청군의 행정 라인에는 부정적인 걸로 연계된 사람은 아무도 없는 것 같습니다.', '위축되지 말고 정면 돌파하여 마무리 사업을 진행해도 되겠습니다.'

그럼에도 불구하고 지역 내에서는 온갖 억측과 소문이 있었고 수사 결과 관계공무원들은 아무런 혐의가 없음이 밝혀질 때까지 약 2년 동안 마무리 공사가 중단된 채 엄청난 스트레스에 시달렸다.

세불 선생도 금 횡령과 금 도장 로비의혹은 사실이 아니며 봉황 안에 호를 새긴 것은 예술인이 작품에 낙관을 찍는 것과 같은 행위로 인식되어 혐의를 벗고 우리 군의 지원을 받은 국새문화원 사업비 횡령 의혹 등도 무혐의 처리되었다.

그러나 세불 선생은 전통 방식과 현대 방식의 국새 제작에 대하여는 끝내 혐의를 벗지 못해 일정 기간 어려움을 겪었다.

동의보감촌 한방 기 체험장의 국새전각전과 연탑

엑스포 대행사업 심사위원명단유출사건

네 번째 사건은 실무책임자로서 혼신을 다해 군민적 염원을 받들어 행사 유치와 준비에 열정을 쏟아온 '2013 산청세계전통의약엑스포' 조직위원회 기획본부장 재직시절에 발생하였다.

엑스포가 약 1년 6개월 앞으로 다가온 2012년 5월 하순에 행사대행사 선정을 위한 심사절차가 진행되었는데, 이는 엑스포 준비업무 중 비중이 매우 크고 대행사업비도 100억 원 규모로서 업체 간 경쟁이 매우 치열했다.

제안서를 낸 여러 후보대행사 업체에서는 사활을 걸고 다양한 통로를 통해 정보를 얻으려 하였고, 부정적인 방법으로 심사위원 명단을 입수하려고 한다는 소문이 무성했다.

나는 당시 기획부장이었던 강○○ 사무관과 함께 기획라인에서 심사위원명단을 더욱 철저히 관리하기로 하고 여러 사람이 알고 있으면 명단이 새어나갈 수 있으니 강 부장 한 사람만 최종 심사위원 명단을 작성하여 관리하기로 했다.

그런데 심사일 하루 전날 아침에 문화일보 경남도청 출입기자가 내게 전화를 걸어 심사위원명단이 유출되어 자신이 들고 있는데 맞는지 확인해 줄 수 있느냐는 것이었다. 나는 전화로 불러 주는 그 명단을 재빠르게 메모하여 강 부장에게 건네며 보관중인 명단과 비교해보라고 했다. 놀랍게도 거의 대부분 일치했다.

강 부장만 아는 명단이 어떻게 밖으로 새어 나갔을까? 나와 강 부장이 머리를 맞대고 고민하던 중 강 부장이 내게 말했다. 'A 집행위원장이 명단의 교체 등 기획부 직원들 감시를 위해 원본 한 부를 가져오라고 해서 심사가 끝날 때까지 개봉하지 않는다는 조건으로 밀봉하여 드렸습니다.'

나는 강 부장과 오랜 기간 여러 번에 걸쳐 같이 일했고 그의 인품을 존경해 온 터라 단번에 A 집행위원장의 실수임을 의심했다.

그 즉시 강 부장이 A 집행위원장에게 가서 보관중인 명부를 돌려 달라고 하자 봉투 끝부분이 절취 개봉되어 있는 명부를 돌려받아 왔는데 이는 명단이 이미 복사되어 나갔다는 증거로 추정되었다.

A 집행위원장은 당시 K 경남도지사가 임명한 ○○ 정치인이었다. 그 당시 K 경남도지사는 무소속으로 출마하여 범민주계열의 지지를 받아 도지사 선거에 당선되었고 그 이후 ○○당 인사를 산청엑스포 조직위원회 집행위원장에 임명한 것이었다.

나는 명단유출사건이 발생하자마자 즉시 심사 자체를 모두 연기하고 원점에서 재심사를 진행하기로 했다.

한편 경상남도에서는 조사담당사무관과 감사관 2명이 3일 동안 엑스포조직위원회에 나와 특별감사를 진행하였고 나와 기획부 직원들은 그간의 경위를 충분히 답변하고 A 집행위원장에게 전달되었다가 회수된 서류봉투와 복사된 명부를 증거로 제시하였다.

　우리는 사건의 경위와 증거를 충분하게 제시하였으니 관련자가 스스로 책임지거나 책임지게 하는 조치가 있을 것으로 생각하고 다시 업무에 전념하였다. 그런 사후조치는 사실 당연하고 상식적인 것이었다.

　그런데 이 조사 후 경남도 직원 조회 시 K 지사는 산청엑스포를 몇몇 공무원이 흐리고 있다는 훈시를 남겨 여러 지방신문에 크게 기사화되고 관련혐의자들을 경찰에 수사의뢰를 하였다는 이야기가 전해졌으며, 약 10여 일 후 당시 대통령 선거 후보자 경선 출마를 위해 도지사 직을 사임하였다.

　우리 조직위원회 직원들은 의아해 했다. 도청 감사과 직원들을 통해 분명히 지사님이 임명한 ○○당 출신 민간인 집행위원장이 심사위원명단을 유출한 혐의와 자료를 보고받았을 것인데 왜 우리 공무원들을 겨냥하여 조회석상에서 그렇게 질타를 하시고 수사의뢰를 하신 것인지?

　감사과 직원들이 그 사항을 보고하지 않았을까? 아니면 우리 직원들이 잘못이 있는 것으로 판단할 왜곡된 보고를 받았을까? 다른 무슨 이유가 있을까?

　감사과 조사팀이 다녀가고 나면 심사위원 명단유출에 관여한 사람이 직접 책임을 지고 사건이 수습되어 우리 공무원들에 대한 오해가 풀릴 것이라고 생각했는데 반대로 공개석상의 훈시가 있고 수많은 신문과 방송에 우리들이 혐의자로 매일같이 크게 보도되었다.

그리고 며칠 후 경남도경 수사팀이 약 10여 명의 특별수사팀을 꾸려 산청엑스포조직위원회 사무실과 집, 자가용, 개인사물 등을 압수 수색한 후 강도 높은 수사가 시작되었다. 도지사께서 직접 공개적으로 문제를 제기할 정도이니 우리 내부에 엄청난 비리가 숨어있는 것으로 판단한 듯 했다.

우리는 다시 도경의 수사 초기에 A 집행위원장의 혐의에 대해 있는 그대로 자료를 제시하였다. 그러나 우리 조직위원회 직원들이 심사위원 명부유출에 관여한 혐의가 없다는 것이 최종 확인되기까지 무려 7개월이나 강도 높은 수사가 계속되었다.

수사권이 없는 행정내부감사 일주일도 견디기 힘든데 우리 기획본부의 관련 업무라인 4명은 7개월간 수시로 경찰에 출석하여 신문을 받는 그 엄청난 심리적 스트레스에도 불구하고 차질 없이 엑스포 준비를 수행해 나가야만 했다.

수사 개시 7개월이 지나 비로소 심사위원 명단이 언제 어디서 누구에게 전달되었는지에 대한 A 집행위원장의 혐의가 구체적으로 공표되었다. 우리는 이제 장기간의 오해를 벗고 고통이 끝났구나 생각했다.

그러나 도경에서는 우리 공무원들이 심사위원 명단유출사건과 전혀 관련이 없다는 사실이 드러나자 수사방향을 엑스포조직위원회의 다른 업무로 확대하여 추가수사를 하였다.

그러던 중 심사위원 명단유출사건과 전혀 관계없고 시기적으로 3개월 이전인 2012년 2월에 서울플라자호텔에서 개최되어 이미 성공적으로 행사를 잘 마친 엑스포조직위원회 출범식행사의 2,300만 원 규모 수의계약문제를 별건으로 집중 수사하였다.

조직위원회 출범식은 당초에 우리 조직위원회가 직영으로 계획을 하였다가 A 집행위원장이 장관급 인사와 외교대사들이 참석하는 중요한 행사이니 서울의 전문업체에 용역을 주어 더 잘하는 것이 좋겠다는 권고 겸 지시를 나에게 하였고, 나는 다시 기획부 직원들에게 A 집행위원장의 의견이니 서울업체에 행사대행을 맡기는 방안을 검토해 보라고 하였다.

이러한 배경 하에 진행된 이 사업은 수의계약범위 한도인 2,200만 원을 불과 100만 원 초과한 2,300만 원으로 결정되어 기획부 실무직원들이 1,000만 원과 1,300만 원으로 분리계약을 하여 집행하였는데 이는 일을 잘 하기 위한 수단이었을 뿐 어떠한 금품수수행위나 부정한 의도가 전혀 없었다.

그러나 경찰은 7개월간의 수사를 종결하면서 당초의 심사위원명단유출사건과 아무런 관계가 없는 이 내용에 대해 나와 강 부장이 수의계약을 직원들에게 순차적으로 지시하여 분리계약을 하도록 한 것이 직권을 남용하였다는 기소의견으로 검찰에 송치하며 수사를 마무리하였다.

이후 다시 3개월간의 검찰 수사과정에서 우리 직원들은 이 사건이 심사위원명단유출사건과 직접적인 관계가 없으며 이와 같은 수의계약 분리발주사례가 각 시군과 교육관서마다 일을 효율적으로 추진하기 위해 흔히 있는 관행으로서 행정내부 감사에서조차 경고 또는 훈계에 그치는 사안이라는 점을 강조했으나 받아들여지지 않았다.

사실 나와 강 부장은 검찰에서 공소제기한 문제부분인 분리계약의 세부계약내용을 몰랐다. 그러나 변호사는 나와 강 부장이 그 사실을 몰랐다고 주장하면 검사가 권 팀장과 배 차장을 허위공문서 작성으로 변경기소할 것이 뻔하다고 하였다.

나와 강 부장은 15일정도 공판을 미루며 고민한 끝에 우리가 지시한 것으로 정리해 직원들이라도 도움이 되도록 하자고 상의하고 검사의 공소내용을 그대로 인정했다. 지인들은 내게 너무 오랫동안 엄청난 수사 인력이 투입되고 큰 이슈가 되어 온 사건이라서 검경에서 그냥 마무리하기 어렵겠다는 얘기들을 전해 주었다.

그러나 우리 직원들은 아무런 사심 없고 출범식을 더 잘 하기 위해 선택한 업무상 관행에 불과하니 검찰과 법원에서 잘 판단해 줄 것으로 기대하며 다시 엑스포 준비에 전념하였다.

엑스포가 개최된 상황에서 열린 1심에서 검사는 이 사건에 대해 나와 강 부장에게 징역 8월을 포함, 2명의 직원들에게 매우 무거운 형량을 구형하였고, 판사는 각 500만 원과 300만 원의 벌금을 선고하였다.

우리는 개인적으로 너무 억울하였지만 빨리 벌금을 내고 마무리하여 군의 역사적 행사인 엑스포에 전념하고자 항소를 포기하였다. 그러나 검사는 선고형량이 적다며 항소하였다.

그러나 우리가 항소를 하지 않았음에도 불구하고 2심 판사는 나와 강 부장이 지시를 인정했기 때문에 실무자인 권 팀장과 배 차장은 그 부분에서 죄가 없다고 하여 무죄를 선고하고 나와 강 부장은 벌금 300만 원으로 감경해 주었다.

감경된 선고내용도 억울하였지만 우리는 상고를 포기하고 엑스포행사를 잘 마무리하는 것으로 보람을 찾자고 의견을 모았다.

그러나 검사가 다시 대법원에 상고를 하여 우리도 따라하였고 무려 1년 3개월이 지난 2015년 2월에 대법원에서 상고기각으로 종국 처리되었다.

대법원판결 내용은 검사 측에게는 무리한 상고라며 이를 기각하고 우리들의 상고는 1심에서 항소를 하지 않았기 때문에 상고를 기각하여도 1심판결보다 불이익이 없다는 취지로 기각한 바 엑스포 성공을 위해 항소를 포기한 것이 결국 우리들에게 다시 불이익으로 돌아왔다.

그 후 경상남도에서는 절차상 우리 네 명에게 형사벌에 상응하는 행정벌을 가하기 위하여 징계위원회를 열었다.

그러나 경상남도 징계위원회는 우리의 실수가 인정되나 그 행위가 업무를 열심히 수행하는 과정에서 선택한 방편이었고 수의계약 초과 범위가 100만 원에 불과하였으며 어떠한 범죄 의도나 금품향응수수가 없었고 엑스포를 유례없는 성공으로 이끌어 낸 점을 높이 평가해 주었다.

따라서 표창감경 등의 조치와 무관하게 사실상 죄가 없음을 인정해 주는 불문경고처분의 판결을 내렸다.

우리는 이를 통해 공직 내부에서나마 어느 정도 명예가 회복된 기분을 느꼈다. 우리는 시골공무원으로서 대도시들과 경쟁하여 산청엑스포를 유치하기 위해 사심 없이 모든 것을 바쳤고 유치 당시의 절박했던 심정과 애향심으로 유치 이후 준비단과 조직위원회를 거치며 공직생활의 사활을 걸고 임했다. 그러기에 조직위원회 직원들은 어느 업자와도 차 한잔 얻어 마시지 말고 오히려 사주고 대접하는 것이 산청엑스포를 성공시키는 길이라고 강조하며 우리 스스로를 격려해 왔었다.

그런 것이 바탕이 되어 그 많은 수사 인력이 7개월 동안 심사위원명단유출사건 외에 다른 사무와 크고 작은 거래업체에 대해 입체적인 수사를 했어도 이처럼 단순한 수의계약 사건 외 어떤 불미스런 일도 없었다는 생각을 해 본다.

검경에서도 오래 수사를 한다고 힘들었겠지만 특별한 잘못이 발견되지 않았다면 깨끗하게 마무리해 줄 것으로 믿고 있었는데 뭐든지 한 건 나올 때까지 수사를 이어간 것은 참으로 아쉽게 생각된다.

또한 연속된 업무를 잘 수행하기 위한 방편으로 그 당시 비교적 흔하게 관행적으로 선택하는 분리발주 형식은 법에 관계없이 특별한 문제를 삼지 않았고, 특히 금품수수나 업체와의 유착 등 부정행위가 없이 불과 100만 원 초과 수의계약 분리발주 집행이 과연 징역형을 구형할 만큼 심각한 범죄였는지 지금도 의아스럽다.

우리 조직위원회 직원들은 평소 이런 사건을 당하기 전의 통상적인 행정관행과 법에 대한 신뢰 및 상식에 맞지 않다는 것을 절감하였다.

한편 홍준표 조직위원장님(경상남도지사)의 전폭적인 지원과 관심 하에 A 집행위원장의 구속 이후 후임으로 2선 국회의원의 관록과 경륜을 갖춘 최구식 집행위원장이 부임하여 '힐링엑스포' 홍보확산에 더욱 노력하고, 정관계 등의 폭넓은 인맥과 네트워크로 행사준비에 큰 힘을 보탰고, 공사현장에 상주근무하다시피 하신 이재근 군수님의 역동적인 리더십과 산청군 관계공무원, 그리고 조직위원회 전직원들이 혼연일체가 되어 2013 산청세계전통의약엑스포는 수십억 원의 흑자와 목표관람객수 초과 및 만족도 최상이라는 세 마리 토끼를 모두 잡고, 지방엑스포 사상 최대의 성과를 거둔 것으로 기록되었다.

그 결과 정부에서는 유공자들에게 훈포장 3명, 대통령상 6명, 국무총리상 8명, 장관상 100명 등 162명을 대거 포상하였고, 이는 인근 비슷한 규모의 지방엑스포가 대통령 표창 1~2명 정도의 수상에 그치는 경우와 비교할 때 얼마나 대대적인 포상이었는지를 알 수 있게 한다.

이 사건으로 고통을 받아온 나는 물론 내가 같이 고생해 보자며 조직위원회로 파견을 권유해 가장 핵심적인 역할을 수행한 강 부장과 권 팀장, 배 차장은 당연히 재판으로 포상의 결격사유에 해당되어 어떠한 수상도 받지 못하고 무려 3년간 지속된 재판의 심리적 고통 속에 안타까운 날들을 겪었다.

이번 사건을 통해 나는 공무원이 대형 사업을 맡게 되면 필시 예기치 못한 오해와 사건에 연루될 수 있다는 것을 또 다시 절감하게 되었다.

그럼에도 불구하고 업체의 유혹과 향응 및 금전거래만 철저히 차단한다면 어떠한 시기와 오해 속에서도 최소한의 자존심과 공직신분만은 지켜나갈 수 있다는 것을 다시 한 번 깊이 느끼게 되었다.

또한 다음에 소개하는 글처럼 같이 일한 동료들이 우리와 고통을 함께 나누려는 진심어린 애정이 정부의 훈장보다 더 값지고 고귀하다는 생각과 함께 오랜 기간 엑스포를 위해 바쳤던 노력과 열정이 결코 헛되지 않았음을 느껴 본다.

엑스포 유공자 시상식 후 함께 일했던 동료들이 보내온 글

본부장님! 어제 시상식장 옆에서 본부장님 잠시 뵙고 내내 마음 한구석이 편하지 않았습니다. 엑스포를 유치하여 있게 한 것도 엑스포가 성공한 것도 본부장님께서 그 중심에 있었기에 가능했다는 것을 잘 알고 있습니다.

그런데 정작 어제 시상식 그 첫 자리에 본부장님께서 서 계시지 않은 것이 너무 슬픈 일이고 세상은 순리대로 흘러가는 것만은 아닌 가 싶습니다.

동의보감촌은 본부장님의 혼입니다. 기 바위의 얽힌 사연들을 생각하면서……. 지금 산청군청에 본부장님 같으신 분이 계실까, 이후 본부장님께서 퇴직하시면 그렇게 또 산청을 위해 위험을 무릅쓰고 몸을 던지실 분이 계실까 싶네요.

본부장님의 업적은 다는 알아주지 않을지 모르지만 많은 사람들이 오래 오래 기억하고 있을 것이며 영원할 것입니다. 그리고 고생만 하고 수상을 하지 못한 강 부장님, 권 팀장님, 배 주무관에게도 미안한 마음이 가시지 않습니다.

늘 건강하십시오. 존경합니다.

— 경상남도 ○○○ 사무관 올림

산청엑스포 유공 정부 훈·포장 등 수상 장면

본부장님! 정말 미안하고 안타깝습니다.

그 오랜 기간 엑스포유치부터 준비와 성공까지 혼신을 다하셨는데 오늘 큰 상을 다른 사람들이 받고 저도 부끄럽게 상을 하나 받았습니다.

옛말에 일하는 사람 따로 있고 사건나면 수습하는 사람 따로 있고, 뒤에 상 받는 사람 따로 있다더니 그 말이 실감납니다.

그러나 본부장님의 업적은 상에 관계없이 모두가 잘 알고 있고 부정할 수 없는 사실입니다. 아무쪼록 건강 잘 지키시고 산청이 더욱 발전해 나가길 빌겠습니다.

- 전 보건복지부 ○○○ 한의약정책과장

산청 동의본가 힐링타운 위탁의혹사건

다섯 번째 사건은 네 번째 사건인 심사위원명단유출사건의 수사가 마무리 될 즈음에 발생하였다.

산청 동의본가는 산청엑스포가 열렸던 동의보감촌내에 조성한 한방 체험단지로서 엑스포를 유치하기 전에 군청 산림녹지과에서 등산객들을 위한 숙소용도로 조성하여 최초 명칭을 산약초타운이라 하였다.

나는 엑스포 유치를 준비하면서 산청군보다 인구 및 재정여건은 물론 한방약초산업의 인프라가 뛰어난 제천시와 영천군 등과 경쟁하여 산청군이 이길 수 있는 방법 중 하나는 엑스포 시설의 지속적인 활용방안을 미리 수립하여 중앙정부에 어필하는 것이라고 보았다.

그리하여 지리산 자락인 동의보감촌의 환경과 한방프로그램 및 약초자원을 활용한 힐링 콘텐츠를 미리 개발하여 구체화시켜 나갔다.

지금은 힐링이라는 용어가 흔히 쓰이지만 2010년경에는 웰빙이라는 용어가 널리 사용되면서 일부에서는 웰니스와 로하스로 그 개념이 진전되어 나가는 중이었다.

그러나 나는 그러한 용어보다는 현대적인 삶의 패턴에 지친 국민들에게 치유와 휴식으로의 전환을 위한 용어로서 힐링의 의미에 관심을 가지게 되었고 그 개념을 엑스포에 도입하였다.

이러한 힐링 콘텐츠의 구체화 과정에 산약초타운은 최적의 장소였고 나는 산림녹지과와 계통보고를 거쳐 산약초타운을 단순히 등산객의 숙소로만 쓰기에는 주변 환경과 한옥단지의 특별함에 비추어 너무 아까우니 한방약초 힐링타운으로 용도를 변경하여 엑스포 때는 물론 그 이후에도 한방휴양관광의 구체적인 시범장소로 활용하자고 건의했다.

그리하여 내가 엑스포준비단장으로 재직하던 시기에 그 시설이 산림녹지과에서 엑스포 준비단으로 이관되었고 나는 각종 홍보물과 최종 심사 발표자료에 힐링타운 프로그램을 부각시켜 나갔다.

이 시설을 전면에 내세워 만약 산청에 엑스포가 유치되면 산청은 엑스포 자체를 목표로 하지 않고 엑스포를 산청의 한방약초산업이 휴양관광산업으로 발전해 가는 하나의 수단으로 삼겠다고 역설했다.

또한 힐링타운에서 산청의 우수한 약초관련 음식을 먹고 한방명의 진료 및 힐리스트를 활용한 스트레스해소 프로그램을 제공하여 대한민국의 명실상부한 한방의료관광 구심점을 만들어 가겠다고 강조하며 사진과 영상을 통해 이미 그러한 타운이 조성되어 있음을 보여주었다.

이런 과정과 이재근 군수님을 비롯한 각계각층의 노력들이 어우러져 불과 인구 3만 6천여 명의 작은 지자체가 큰 도시들과 경쟁하여 엑스포를 유치하는 것이 매우 힘들 것이라는 비관적인 예측에도 불구하고 최종적으로 산청군이 개최지로 선정되었다.

그 후 엑스포 준비가 차질 없이 진행되었으나 핵심 프로그램인 힐링타운 사업 운영은 너무 많은 난관이 기다리고 있었다.

애초 등산객 숙소로 설계한 산약초타운은 객실마다 세면시설과 화장실이 없어 한방약초 및 진료프로그램 진행이 불가하여 대대적인 수선이 요구되었고 힐링타운의 홍보와 명망 있는 한의사 및 운영자 유치가 쉽지 않았다.

그리하여 동의본가 힐링타운 운영자 확보에 나섰으나 대부분 공짜로 수탁받기를 원하여 적정 운영자를 찾기 위해 고심을 거듭하던 중 수개월 후에 산청이 고향이고 KBS PD 출신이며 TV여행전문채널과 다큐멘터리 제작전문회사를 경영하는 P 대표를 만나 면담을 해 본 결과 아이디어와 홍보역량이 대단하였다.

나는 P 대표의 역량을 보고 그를 모시기 위해 수없이 전화하고 우리 집에 초청하여 가정식을 대접하면서 산청의 한방약초산업 최종목표는 부가가치가 가장 높은 한방휴양관광이고 이를 위해 힐링산업 육성이 필요하니 꼭 좀 도와달라고 간청하였다.

또 한편으로 보다 안정적인 추가사업비 확보를 위해 전국최초로 산청군이 힐링을 향토산업으로 육성하겠다는 계획을 수립하여 내가 직접 밤을 새워 가며 발표자료를 만들고 심사당일 외국출장으로 인해 김동환 한방약초연구소장에게 대신하여 발표를 부탁하는 등 공을 들여 농림부의 공모사업에 응한 결과 30억 원의 사업비 지원이 확정되었다.

이후 P 대표가 직접 산청을 수없이 방문하여 힐링 프로그램을 더욱 구체적인 상품으로 만들고 최고급 한방 힐링타운의 경영과 명사 마케팅 전략을 수립하는 등 대단한 의지와 열정을 보이는 가운데 동의본가 수탁자로 선정되었다.

P 대표는 수탁자로 선정된 후 곧바로 동의본가를 알리기 위해 TV조선과 손잡고 약 7억 원 내외의 자기 자본을 투입하여 현지 올로케 시트콤 촬영에 들어갔고 산청군에서는 국비지원 문화콘텐츠 사업비로 이미 확보되어 있는 예산에서 2억 원을 제작보조비로 지원하게 되었다.

시트콤 방영도 끝나고 P 대표는 힐링타운 운영을 위해 한국한방피부미용학회장이며 체질개선 디톡스 프로그램의 대가인 한의사 김효진 원장과 힐리스트 및 사무국장을 섭외하여 동의본가 힐링타운에 근무하게 하고 한방스파실 마련과 객실마다 화장실 및 세면실 확보 등의 리모델링 공사에 들어갔다.

이로써 건물보수가 일부 끝나가고 완벽한 출발에는 여전히 아쉬움이 남았지만 1박 2일에 약 60만 원 정도의 고급 한방힐링타운 운영을 위한 개소 준비가 진행되어 당시 최고의 연예인인 강호동을 섭외하였다.

이렇게 오픈 준비가 거의 끝나 가는 시점인 2011년 9월경에 엑스포 조직위원회 심사위원명단유출사건을 수사하는 도경 수사팀이 동의본가에 들이닥쳤다.

그날 문영권 동의본가 힐링타운 사무국장이 놀라서 내게 뛰어왔다. 경찰의 영장을 곁눈으로 보니 피의자가 박태갑 본부장으로 되어 있는 사건에 참고인 P 대표로 되어 있던데 어떻게 된 일인지 걱정된다는 것이었다.

뒤에 알고 보니 시트콤 제작을 위해 군에서 P 대표에게 지원한 2억 원을 일부 군의원이 오해하여 문제가 있는 것처럼 지적하자 경찰에서는 P 대표와 나 사이에 금전거래 등 의혹이 있지 않을까 하는 혐의로 수사를 착수하여 이후 P 대표는 물론 P 대표의 회사관계자도 수없이 불러 조사를 하게 되었다.

이 사건으로 인해 힐링타운은 수사에 휩싸이고 오픈 행사는 취소되었으며 한의사 등 인력도 모두 철수하는 등 사업 전체가 무산되었다.

내가 피의자로 조사를 받은 후 무혐의로 종결되기까지 겪었던 개인적인 마음고생보다 지금까지도 지속적으로 더 마음이 아픈 것은 동의본가 힐링타운 운영이나 시트콤제작지원사업과는 직접 관련이 없는 문화콘텐츠사업 문제로 사건이 확대·비화되면서 그 당시 구상했던 수준높은 동의본가 힐링타운 사업 프로그램 전체가 무산되었다는 점이다.

또한 산청군이 전국 최초로 힐링의 개념을 지역이미지와 상품으로 개발하여 선점하려는 노력에 대해 중앙정부에서도 최고의 평가를 해 주며 30억 원을 지원하였던 한방힐링향토사업도 최초의 방향성이 바뀌어 분산·집행됨으로써 그 시너지 효과가 감소되었다.
이후 힐링의 개념이 방송계와 여러 지자체는 물론 다양한 상품의 이미지에 폭넓게 인용되고 있음에도 불구하고 정작 그 선두주자였던 산청군에서는 힐링타운 운영과 힐링관광 관련 아이디어가 일정 기간 머뭇거리는 요인으로 작용한 점이 속도와 아이템의 경쟁을 감안해 볼 때 많이 아쉽다.

이처럼 다섯 번의 수사가 있을 때마다 나는 심신의 고통을 많이 겪었고 그때마다 이번만 잘 넘어가면 절대로 오해받을 만한 사업이나 관련 부서에는 가지 않을 거라는 결심을 했다.

하지만 내 마음과 달리 나는 계속 사업부서에 머물러야만 했고 일단 업무를 맡으면 어떤 어려움이 있어도 성과를 내야 스스로 마음이 편해지는 성격 때문에 또 무언가를 꿈꾸고 구상하여 시행하다가 사건에 연루되곤 했다.

이런 사건들을 겪으면서 주변에서 진심을 몰라주어 서운할 때도 많았고 참 재수 없는 공직생활이라는 생각을 한 적도 많지만 어려움을 뒤로 하고 점차 세월이 흐르고 보니 그래도 순탄하고 평이했던 공직생활보다는 보람이 있었다고 생각하게 되었다.

밖에서 바라볼 때 공무원은 참으로 편해 보이고 공직 내부에서조차 어렵고 힘든 일을 해 보지 않은 사람들은 동료들의 이런 고충을 잘 알지 못한다. 고질민원이나 각종 개발행정은 물론 재난과 사건사고의 현장에는 언제나 힘들고 희생하는 공무원들이 있고 예기치 못한 사건사고는 항상 공무원을 심리적인 대기 상태로 묶어 놔 놀아도 편치 않은 경우가 많다.

이처럼 공무원은 결코 쉽고 편한 직업이 아니므로 너무 안일한 생각이나 편한 자리만을 추구해서는 안 된다고 본다. 따라서 미리 힘든 것을 가정하고 공직역량을 쌓아 나가는 것이 능동적인 공직생활을 열어가는 첩경이 되지 않을까 생각해 보며 공직기간 내내 자존감을 잃지 않으려면 최소한 과거의 잘못된 관행인 금품과 향응으로부터 자신을 지켜 나가는 절제가 가장 필요하다고 생각해 본다.

주위를 너무 의식하면 소심하고 불행해진다

　대개 사람들은 완벽을 추구하는 경향이 있고 자신이 조금 힘들더라도 주변으로부터 좋은 평가를 받으려고 한다. 그러나 오랜 공직생활에 있어 언제나 늘 주변의 사랑과 이해 속에 좋은 평가를 받는 것은 결코 쉬운 일이 아니다.

　특히 공직생활의 연륜이 오래될수록 담당업무의 의사결정 또는 횡적인 협조과정 등에서 갈등이 생기거나 오해가 쌓이는 횟수도 늘어나고 공직입문초기에 잘 지내던 동기들이나 동년배들이 순간순간 경쟁의 대상이 되면서 불편한 관계로 바뀌기도 한다.

　또한 간부 공무원으로 성장한 후에는 지역사회 내의 각종 단체나 기득권층과 갈등이 초래되기도 하며 이러한 일련의 과정에서 불필요한 오해가 커지거나 심지어는 없는 사실을 지어내 유포시켜 모함을 당하는 경우도 흔하게 발생한다.

이런 경우를 당하게 되는 공무원들은 자신은 언제나 정도를 걸어 왔다고 생각하면서 이를 몰라주는 지역사회와 공직 내부의 분위기에 매우 서운해 하고 열심히 헌신해 온 일에 대하여 상실감과 자괴감을 느끼기도 한다.

　이는 대체로 사람들이 자신이 해 온 일이나 겪고 있는 일에 대해 주변에서 잘 알고 있거나 알아줄 것이라는 착각을 하면서 살아가기 때문이다. 그러한 착각 때문에 사람들은 너무 주변을 의식하여 행동에 제약을 받기도 하고 자신의 고통을 몰라준다고 서운해 하기도 하고 심한 경우 과도한 정신적 스트레스의 원인이 된다.

　그러나 사람들은 각자 자기의 일이 바쁘거나 주변의 일에 무관심하여 남의 일을 잘 기억하지 못하고 공직 내부에서조차 누가 무슨 일을 해서 어떻게 전개되어 가고 어떤 상황에 처해 있는가를 잘 알지 못한다.

　이처럼 남의 일을 잘 알지 못하고 진심으로 염려하지도 않는다는 사실을 직시하여 어떤 상황에 처하더라도 위로 받기를 원하지 말 것이며 위축될 필요도 없다. 자신이 하고 있는 일이 옳고 지역사회를 위해 필요한 일이라면 일부의 반대나 비판이 따르더라도 과감히 실천해 나가는 의지가 필요하다.

　잘 추진한 행정으로 수혜를 받은 주민들은 칭찬에 인색하거나 대부분 말이 없으며 개인적 욕심을 공적인 이해관계로 포장하여 그럴듯하게 내세우는 일부의 비판과 반대 목소리는 언제나 크게 들리기 마련이다.

그러므로 모두에게 좋은 소리를 듣고 싶고 모두를 만족시키겠다는 불가능한 생각을 접고, 비판하는 목소리, 질투와 험담과 모함 등을 편하게 받아들이고 주위를 너무 의식하지 않아야 스스로 공직이 행복해지고 생각과 행동의 소심함에서 벗어나 능동적이고 적극적인 공직생활이 가능할 것이라고 본다.

과도한 권위와 시기를 버려야
공직이 행복하다

취직을 원하는 사람은 누구나 좋은 직장에 들어가기를 원할 것이다. 이는 공무원도 마찬가지다. 흔히 공무원은 모두 다 같은 조건에서 근무할 거라고 생각하겠지만 공무원 개개인이 몸담고 있는 사무실마다 그 분위기는 사뭇 다르다.

도시와 농촌의 공무원사회가 다를 수 있고 중앙과 광역 및 기초 지자체에 따라 근무분위기가 다를 수 있다. 인정을 나누는 모습이나 정서적 유대감이 다르고 조직 내부의 경쟁의 정도가 다를 수 있다.

이처럼 기관이나 사무실에 따라 공직 분위기가 서로 다르므로 공무원들도 가급적 인간관계나 직장 분위기 등 근무환경이 좋은 곳에서 동료들과 화목하게 지내며 즐겁게 일하기를 희망한다.

이러한 직장 분위기는 단위 조직 구성원 모두의 양보와 배려, 상하 또는 횡적으로 균형 있고 평등한 역할분담과 민주적인 의사결정과정 등 여러 가지 요인에 의해 형성되겠지만 각자 내가 속한 직장이므로 내가 스스로 좋은 분위기를 만들어가려는 노력이 절대적으로 필요하다.

그러나 이러한 양보와 배려를 통한 공직 분위기 조성의 중요성 못지않게 내가 경험해 본 가장 중요한 요소는 상사의 지나친 권위의식과 직원들 상호간의 시기 및 질투가 공직 분위기를 크게 좌우한다는 것이다.

특히 이러한 요인으로 직장 분위기가 어두워진 경우 부서장이 바뀌거나 시기질투의 대상이 된 직원들이 이동하지 않으면 쉽게 개선되지 않는다는 것을 느꼈다.

일반적으로 볼 때 업무에 대한 자신감과 실력이 다소 부족한 부서장은 권위에 의존하기 쉽다. 자신의 부족함을 감추기 위해 사소한 복무관계를 지나치게 챙겨 직원들을 통솔하려 하고 마음의 여유가 적기 때문에 관대함이 부족하며 민주적인 의사결정 절차를 권위훼손으로 여겨 서운해 하는 경우가 많다.

이런 부서장을 만난 직원들은 부서장의 스타일을 파악하여 흔히 하는 말처럼 알아서 행동하게 되어 있다. 그러나 그 행동 속에 진정성이 없으며 의욕을 잃고 다른 부서로 이동할 기회를 찾기도 한다.

또한 직원끼리의 시기와 질투가 지나쳐 직장 분위기를 해치는 것도 쉽게 치유되지 않는 경우이다. 공무원은 처음 공직에 입문하면 동기생끼리 모두 같은 조건으로 출발하지만 계급사회의 특성상 보직과 승진이 매우 중요한 가치가 되고 상위직급으로 올라갈수록 자리가 적기 때문에 경쟁은 치열해진다.

조직의 생리상 적당한 경쟁은 약이 되고 시기와 질투는 늘 존재하기 마련이지만 이것이 도가 지나치면 직장 분위기를 최악으로 이끄는 독이 된다. 심한 경우에는 사사건건 내부의 정보가 외부로 흘러나가는 요인이 되기도 하고 모함으로 전개되어 상대방에게 고통을 주고 조직의 활력을 떨어지게 한다.

이러한 두 가지 행태는 조직을 위해서도 좋지 않지만 개인적으로도 매우 불행한 일이다.

따라서 부서장이라는 자리는 계급사회의 특성상 한 번씩 순차적으로 거쳐 가는 과정에 불과 하다는 것을 자각하여 작은 권위를 크게 행사하려는 태도를 버리고 위로 올라갈수록 배려와 겸손의 미덕을 발휘하여야 한다.

또한 동료들을 무고하게 모함하거나 시기와 질투 및 험담 등 그릇된 방법으로 경쟁에서 이기고자 하는 태도는 당장은 그로 인해 쾌감을 느끼고 이익을 얻을 수 있겠지만 장기적으로는 직장 내에 그러한 소행이 잘 알려지게 되어 있고 험담을 잘 하는 사람, 시기와 질투를 잘 하는 사람으로 낙인찍히게 된다.

그러므로 불만이 있더라도 차분하게 마음을 정리하여 남을 욕하고 탓하기보다 자신의 부족함을 다시 돌아보고 더욱 분발하는 긍정적인 자세를 가지는 것이 좋겠다.

이처럼 공직 내부의 경쟁과정에서 누군가를 험담하고 시기하거나 부서장이 되어 지나친 권위로 경직된 근무 분위기를 만들어 가는 사람은 그러한 행동들이 습관이 되어 자신의 부정적인 이미지로 고착됨으로써 스스로 외롭고 불행한 공직생활을 하게 된다는 점을 감안하여야 한다.

그러므로 지나친 권위와 시기는 털어 버리고 상하 동료 간 함께 어우러져 일을 즐기는 직장문화를 더욱 소중한 가치로 여겨 오랜 공직생활이 싫증나지 않도록 하는 것이 매우 중요하다.

수시로 찾아오는 슬럼프,
자기애와 보람으로 극복하라

공직사회는 일반적인 기업조직과 비교하여 존립목적과 활동내용 등에 있어 많이 다르다. 이는 공조직과 사조직이 서로 다른 목적을 추구하면서 오랜 기간 반복되어 온 생각과 활동의 양태들이 모여 조직의 가치관과 질서를 형성하고 그것들이 다시 행동의 준거가 되어 왔기 때문일 것이다.

이처럼 기업문화와는 다르게 형성되어 온 공직문화는 어떤 것일까?

일반적으로 사적 이익을 추구하는 기업의 경우, 대개 생산효율이나 이익 등이 최고의 가치가 된다. 반면에 공무원조직은 효율 못지않게 지역과 계층 간 불균형의 해소나 다중의 이익 등이 가치를 가지는 공적인 서비스를 주로 담당하기 때문에 기업과 달리 실적이나 성과에 대한 집착이 약하고, 이를 측정하기도 어려우며, 성패에 대한 보상이나 제재도 약하다.

더욱 큰 차이는 기업의 활동목표와 수단은 매우 명확하고 뚜렷하여 모든 조직 구성원이 일사불란하게 목표를 향해 움직이지만 공직내부의 단위 목표나 사업들은 어떤 경우 지금 해도 되고 1년 뒤에 해도 별로 표시나지 않는다.

또 엄청난 에너지와 열정을 투입해도 되고 적당히 해도 되는 일들이 많아 열심히 하는 사람이 제대로 된 평가를 받기가 쉽지 않다.

예를 들어 보면 기업은 생산한 제품을 계획대로 판매하지 못하면 당장 직원을 줄이거나 월급을 낮춰야 하고 많이 팔면 그 실적에 따라 인센티브가 주어진다.

그러나 기업과 달리 행정은 중요사업이나 시책의 추진에 있어 공공성이 그다지 크지 않은 경우나 소수의 수혜에 그치는 경우 지역사회 전체의 관심이 약해지고 이를 추진한 담당공무원의 노력과 열정이 제대로 평가받지 못한다.

더욱 아쉬운 점은 잘 한 부분에 대한 평가와 보상이 약한 것에 더하여 사업이나 시책의 집행과정상 작은 실수나 완료 후의 잘못에 대한 부정적인 평가는 매우 크고 예민하다는 것이다.

그래서 의욕적으로 어떤 사업을 적기에 또는 앞당겨 추진한 사람은 칭찬보다는 온갖 민원에 시달리거나 징계를 받는 반면에 어려운 사업임을 예상하고 사업을 미루다가 다른 자리로 옮긴 전임자는 편하게 근무하는 사례도 적지 않다.

이와 같이 공직사회의 무사 안일한 풍조를 있게 하는 중요한 요인은 업무능력이나 실적의 판단기준이 모호하고 사업성과에 관계없이 직급, 호봉이 같으면 보수가 똑같은 현재의 봉급체계 등일 것이다.

이처럼 공무원 사회는 능력과 실적이 명확하게 계량화 수치화 되지 못하는 한계가 있고 어려운 민원해소나 사업의 추진에 따른 적정한 보상이 약하다.

게다가 유일한 보상기제인 보직인사와 승진을 기대하나 이마저도 그 틈이 바늘구멍처럼 좁아 열심히 일하던 사람도 스스로 의욕과 사기가 떨어지는 경험을 자주 하게 된다.

이럴 때 자신의 의욕과 열정을 알아주지 못하는 조직에 대한 서운함이 일시적으로나마 슬럼프에 빠지게 하고 심한 경우 그만둬 버릴까 하는 생각마저 하게 한다.

이러한 현상을 예방해 나가려면 처음부터 공직 전반과 단위사업에 임하는 마음자세를 확고히 할 필요가 있는데 그 마음자세의 핵심은 자기애와 성취에 대한 보람이다.

공무원은 공익을 위한 일에 국가나 지방자치단체의 예산을 활용하여 사업을 구상하고 집행한다.

이는 사익을 추구하는 회사원이나 민간인과는 확연히 다른 활동이며 나의 돈을 들이지 않고 누군가를 돕기도 하고 필요한 시설을 만들며 지역사회의 발전을 이끌어 가는 주체로서 활동한다는 것으로서 매우 영광스럽고 보람 있는 일이다.

바로 자신이 한 일이 지역사회의 소중한 자원과 자산이 되고 또 그것을 이용하는 사람들을 바라본다는 것은 행복한 일이다.

더구나 그 일을 자신이 하지 않았다면 못 할 일이었거나, 많이 늦어질 일이었다는 것을 느낀다면 더욱 행복한 일이고 이러한 일들을 통해 자신의 소중함을 알고 자신을 스스로 사랑하게 될 것이다.

이처럼 공무원은 단위사업의 성과에 대한 즉각적인 승진과 보직인사 등의 보상 여부에 집착하기보다는 자기애를 바탕으로 성취에 대한 스스로의 보람을 찾겠다는 자존감을 갖추는 것이 필요하다.

바로 이러한 상태에서 발휘되는 의욕과 열정이 슬럼프와 서운함을 극복해 나가면서 공직생활을 평생 동안 꾸준히 할 수 있는 가장 큰 원동력이 될 것이다.

누구나 마음속으로 수많은 사표를 쓴다

　나는 군 입대를 하기 전에 공직에 들어왔다. 첫 발령 후 1년 6월이 지났을 때 군대를 가게 되어 첫 번째 사표를 써서 당시 계장님께 드리고 입대신고를 했다.

　사표를 받아 든 계장님께서는 '네가 휴가 나오거나 제대 후에 결정해도 늦지 않으니 사표는 자신이 간직하겠노라' 하시며 군청 인사부서에 접수를 시키지 않으셨다.

　군복무후 나는 복직을 하였으나 복사기 사용문제로 면장님과 다툼이 생겨 두 번째 사표를 썼다. 그러나 그 사표도 면사무소 총무계에서 나의 젊은 패기가 잘못 된 만용으로 표출된 것이라고 여겨 군청에 접수시키지 않아 다행히 평생을 공직에 몸담게 되었다.

　이 밖에도 나는 공직생활 내내 실천하지 못한 여러 번의 사직을 꿈꾸었다.

　지금 돌이켜 생각해 보면 사직을 고민하거나 사직원을 써서 주머니에 넣고 다닐 때의 심정은 딱히 내가 다른 일을 계획하거나 잘 할 수 있는 일을 찾은 다음에 내린 이성적 결심이 아니었다.

　그것은 주로 ① 내가 하고 있는 일이 제대로 인정을 받지 못한다고 생각할 때 ② 지독한 민원으로 해결방안이 보이지 않고 나는 죽을 지경인데 주위에서 무관심 할 때 ③ 오랜 고민 끝에 상급자나 단체장에게 아니오 라고 이야기 한 후 스스로 괴로울 때 ④ 업무와 관련하여 오해가 생기거나 실적 위주의 수사 및 감사에 시달리면서 정상적인 해명이 통하지 않을 때 등이었다.

이와 같이 내가 그동안 사직을 꿈꾸어 왔던 이유와 같이 그동안 내가 경험한 동료 공무원들의 경우에도 일이 많고 힘들거나 봉급이 적기 때문에 사직을 생각하는 것이 아니었다.

부서 내 부정적인 분위기, 동료들의 무관심, 의사결정 과정의 독선이나 왜곡 등의 사유로 자존감을 잃게 될 때 더 심각하게 사직을 고민하고 있다는 것을 느껴 왔다.

그러므로 공직생활을 평생 동안 잘 이어 가기 위해서는 수시로 찾아오는 슬럼프나 힘든 시기를 잘 극복하는 방법을 스스로 터득해 갈 필요가 있겠으며 공무원 상하, 상호간 시기적으로 어렵고 힘든 동료들과 마음을 나누는 따뜻한 분위기를 조성하여야겠다.

특히 단체장이나 부서장 등 조직운영과 의사결정과정의 상층부에 위치한 사람들은 직원들의 자긍심을 고취하는 리더십을 발휘하는 것이 무엇보다 중요하다고 생각해 본다.

존경하는 마음을 가져라

요즘은 존경(尊敬)이 거의 사라진 시대이다. 내가 생각하기로 그 이유는 여러 가지가 있겠지만, 무엇보다 큰 이유는 넘쳐나는 정보의 홍수현상으로 인해 사람들의 민낯이 그대로 공개되어 버리기 때문이 아닌가 싶다. 물론 존경받을만한 인물이라면 공개 여부에 관계없이 모든 면에서 귀감이 되어야 하겠지만, 사람이 신이 아닌 이상 어떻게 완벽할 수가 있겠는가?

정보가 비교적 보호되고 차단되어 있던 과거에는 개인의 모든 인생이 노출되거나 평가되지 않고 일정 부분이나 단일 사례 등을 통해서도 사회의 귀감이 되거나 존경의 대상이 되는 경우가 흔했다. 그러나 지금은 소위 출세했다고 평가받고 존경받아온 사람들도 정보가 공개될 정도의 직위를 맡게 되면 여지없이 추락하거나 아예 그러한 과정이 겁나 나서기를 꺼려하기도 한다.

존경의 대상이나 인물이 어느 순간 부정 비리나 편법 또는 사회적 책임을 다하지 못한 사람으로 바뀌는 일이 흔해지면서 사회적으로 존경하는 마음, 존경하는 대상이 많이 사라졌다. 게다가 이런 현상에 더해 개개인의 학력과 지식이 상향평준화 되면서 누군가를 존경하기보다는 자신을 너무 과신하거나 자애하는 경향이 많아진 측면도 있다.

존경이 사라진 것은 단순히 존경할 만한 대상이나 사람이 없어진 것만을 의미하지는 않는다. 내가 누군가를 마음속으로 흠모하여 따라 배우고 그와 비슷하게라도 살아보고자 노력하는 것은 인생에 있어 삶의 좌표가 되기 때문에 흔들리지 않는 가치관과 열정을 갖게 해 준다.

따라서 존경할 만한 사람이 없다는 것은 내 삶의 좌표나 인생의 목표가 허약해지고 내가 잘살고 있는 건가! 내가 이렇게 열심히 살아도 결국은 저렇게밖에 안 되는 건가! 하는 회의로 물질보다 더 풍요롭고 안정적이어야 할 정신건강에 장애가 된다.

이는 비교적 좁은 지역사회와 함께 살아가는 지방 공직자들의 경우도 마찬가지라서 누가 알아주지 않음에도 불구하고 볼품없는 역량이나 좁은 식견을 가지고 내가 제일 잘 나고 내가 제일인데 하며 살아가는 사람들이 간혹 있다.

그러나 이런 부류의 사람들도 대개 자신을 과도하게 과시하거나 방어하려고 하는 본능에서 이러한 습성이 나타난 것일 뿐, 사실 내

면적으로는 존경하거나 의지할 만한 대상이 없어 외로울 것이라는 생각도 해 본다.

이처럼 외롭지 않고 한층 더 성숙한 인생을 살아가기 위해서는 지역사회나 공직 내부에서 누군가를 존경하고 무엇인가 존경의 대상이 되는 사례를 찾아 겸손하게 머리를 숙이고 긍정적으로 받아들이려는 자세가 매우 필요하다.

특히 존경은 반드시 직위가 높거나 경륜과 나이가 많은 사람을 대상으로 하지는 않는다. 동료들에게도 배우고 후배 공무원이나 지역사회의 많은 사람에게도 배울 점이 있으며 심지어 자신이 싫어하는 사람에게서도 배울 점이 많다. 또한, 존경하고자 하는 사람이 완벽하기를 바라지 말고 그 사람이 한 특정 행위 하나만이라도 존경할 만한 일이 있다면 존경해 보자.

이처럼 존경에 있어 가장 중요한 것은 나의 가볍고 우쭐한 마음을 내려놓고 상대를 존경하고자 하는 겸허한 마음을 갖는 것이며 그러한 마음의 눈으로 보면 존경할 만한 것들이 너무나 많다.

공직 동료나 선후배 또는 지역사회의 누군가를 존경하고 존경할 만한 사례를 찾아 차곡차곡 마음의 양식으로 쌓아나간다면 공직사회 전체가 더욱 밝아질 것이며 공무원 개개인에게도 더 풍요롭고 행복한 공직생활을 보장해 줄 것이라고 믿는다.

꿈이 행복의 원천이다

'연목구어(緣木求魚)'라는 사자성어가 있다. 또 오르지 못 할 나무는 쳐다보지도 말라는 속담도 있다. 모두 불가능한 일에 너무 매달리지 말고 실현가능한 것을 꿈꾸라는 이야기이다.

그러나 세상은 실현불가능하다고 여겼던 상상과 꿈을 하나하나 현실로 보여 주고 있다.

만화나 공상과학소설 등에 등장했던 자율주행 자동차는 이제 곧 실용화단계에 이르고 있으며 로봇은 사람의 생각대로 방향을 움직이는 단계로까지 발전하여 미래에 인간의 지능을 뛰어 넘는 통제 불능의 염려마저 현실이 되어 가고 있다.

또 줄기세포와 3D프린팅 등에 의한 과학 기술의 혁명은 그 폭과 속도를 가늠하지 못할 정도이니 세상에 그 어느 것도 불가능한 꿈이라고 단정하기 어려워졌다.

이처럼 꿈은 그 자체로 머물러 존재하는 것이 아니라 항상 실현될 가능성을 가지므로 누구에게나 희망과 기대의 상징이자 행복을 느끼게 하는 매우 중요한 요소이다.

따라서 사람은 누구나 꿈을 가지고 있어야 한다. 개인적인 꿈으로는 자신이 해 보고 싶은 것들을 적고, 알리고, 같이 실현해 나갈 사람을 찾는 것이 중요하며 하나의 꿈을 실현하고 나면 또 다른 꿈을 꾸어야 한다.

꿈은 돈과 명예보다 중요하다. 어쩌면 건강보다도 더 중요하다. 흔히 돈을 잃으면 조금 잃는 것이요, 명예를 잃으면 많이 잃는 것이요, 건강을 잃으면 다 잃는 것이라는 말이 있다. 그러나 건강하지 못한 사람 중에서도 꿈을 잃지 않음으로써 큰 업적을 이룬 훌륭한 사람들이 많고 극복이 가능한 상태의 신체적 건강도 꿈을 잃어버리면 포기에 이르게 된다.

따라서 공무원들도 각자 행복한 삶을 위하여 수시로 꿈을 정하여 하나씩 실천해 나가야 할 것이며, 특히 공무원이라는 특수한 신분임을 감안해 볼 때 일반인들과 달리 집단적인 꿈을 꾸는 것이 매우 가치 있는 일이 될 것이다.

지역사회가 다 같이 행복해지고 긍정적이고 발전적인 방향으로 나아가도록 하는 집단적인 꿈, 공공의 꿈을 자신이 직접 기획하고 지원하고 집행해 나갈 수 있다면 그것은 정말 보람 있는 일이다. 그리고 이와 같이 집단적인 꿈을 너무 거창하게 생각한다거나 직위가 높은 사람의 역할로만 인식하는 것은 매우 잘못된 생각이다.

지금처럼 출세의 개념이 희박해진 세상에서 나이와 직위 등에 관계없이 공무원에 입문하고 공무원으로 근무하고 있는 그 자체가 출세이다. 특히 일반 국민들은 구체적인 직위를 따지기 전에 공무원이라는 신분을 가지고 있는 것만으로도 출세했다고 생각한다. 그런데 오히려 공무원들이 직급과 직위에 너무 연연하여 편을 가르고 자신이 할 일, 못할 일을 애써 구분 짓고 무관심하거나 회피하려 한다면 이는 공무원이라는 자긍심을 스스로 버리는 일이다.

그러므로 꿈은 직급과 직위에 관계없이 공무원 누구나 꿀 수 있고 자주 꾸어야만 개인과 지역사회가 행복해진다.

성공한 공무원이란

　세상 사람들이 너무 흔하고 너무 쉽게 성공을 이야기하고 이 글의 의미도 궁극적으로는 성공적인 공직생활을 위한 경험과 생각을 정리한 것이지만 사실 성공이라는 단어가 가지는 모호함이 너무 커 무엇이 성공인지 그 정의를 내리기 어렵다.

　또한 성공여부를 가르는 기준이나 성공의 정도를 재기 위한 척도가 없어 다분히 주관적인 생각과 관점에 따라 그 평가가 달라진다.

　소위 출세를 하여 높은 직위에 오른 사람이 성공했다고 평하는 사람이 있는가 하면 높은 직위에 오른 것이 오히려 욕을 먹고 불행을 자초하여 출세하지 않은 것만 못하다고 하는 사람도 있다.

　극단적인 예를 들어 보면 역대 대통령 중에서도 평가하는 사람의 주관에 따라 성공한 대통령과 그렇지 못한 대통령이 있는가 하면 형편없는 직업과 힘든 생활을 하는 사람 중에서도 봉사와 헌신의 진정한 영웅이 탄생하여 사회적 존경을 받기도 한다.

다시 한정하여 공무원의 경우 직위를 가지고 성공의 정도를 살펴보면 중앙부처의 공무원은 대부분 고시와 비 고시 등 최초임용 직급과 출신에 따라 승진의 차이가 있고 일부 예외가 있다 하더라도 정치권에 진입하지 않는 이상 최고의 자리가 국장이나 차관에 그친다.

지방공무원은 기초자치단체는 대부분 서기관에 그치고 광역자치단체는 이사관까지 승진하는 경우도 있으나 관료의 직위가 곧 명예라는 전통적인 가치가 점차 사라져 가는 현대사회는 높은 직위에 오르는 것만을 명예롭게 평가해 주거나 오래 기억해 주지 않는다.

특히 오랜 공직생활을 마치고 은퇴한 선배들의 이야기를 종합해 보면 현직에 있을 때의 직위나 자리는 퇴직자의 입장에서 바라볼 때 너무나 사소하고 한순간에 현직에서 향유하였던 모든 것들의 단절과 변화가 이루어지기 때문에 승진과 자리에 너무 집착하지 않는 것이 정신건강에 좋다고 한다.

그렇다면 과연 무엇이 성공인가? 보는 이의 생각과 관점에 따라 견해 차이가 있더라도 내가 생각하는 성공한 공무원이란 어떠한 사람인지 이야기 해 볼까 한다.

첫째, 공무원은 정직하고 성실해야 한다.

일반 국민과 달리 공무원은 공적인 영역을 담당하고 있고 거짓과 불성실로 인한 피해규모나 정도가 지역사회 또는 국민과 국가 전체에 미치는 등 영향력이 막대하므로 지위고하를 막론하고 그 어느 집단의 구성원보다 정직하고 성실해야 한다.

이처럼 직위에 관계없이 맡은 직무에서 정직하고 성실하다는 평가를 받을 수 있는 사람은 승진이 빠르면 동료들의 진심어린 축하를 받고 승진이 늦으면 동료들의 위로를 받는다.

반면에 정직하고 성실하지 못한 사람으로 평가 받으면서 편한 자리와 양지만을 노리는 사람은 승진 등에서 앞서 가거나 높은 직위에 오르더라도 진정한 의미의 성공으로 봐주지 않는다.

둘째, 직무와 직위를 감당 할 수 있는 능력을 갖추어야 한다.

이는 높은 직급에 오른 것이 성공한 것인지, 아니면 그 직에서 나름대로의 역할을 잘 수행한 것이 성공한 것인지를 가르는 기준이 된다.

따라서 공직생활을 통해 맡게 되는 직무와 직위를 잘 수행함으로써 발전적인 성과를 내고 지역사회에 기여했다는 평가를 받는 것이 진정한 의미의 성공이다.

능력이 부족한 사람이 과욕을 부려 감당할 수 없는 직무와 직위를 맡아 조직과 지역사회의 발전이 정체되거나 어려움을 겪었다는 평가를 듣지 않아야 하겠다.

셋째, 부끄럽거나 비굴하지 않은 공직생활이라야 한다.

직장생활이 때로는 자존심도 버리고 억울하고 힘든 일도 참아내야 하는 과정의 반복이지만 적어도 자존심과 인내심의 최소기준은 가지고 있어야 한다고 생각한다.

일을 배우는 과정이나 지역발전을 위해 누군가의 도움을 이끌어 내려는 경우에는 자존심과 부끄러움을 버리고 건의가 관철되고 해결될 때까지 수없이 찾아가고 머리를 숙여야 하겠다.

그러나 자신의 승진이나 전보 등에 있어 유리한 입장에 서기 위해 너무 비굴해지거나 부끄러운 편법을 택하는 일은 없어야 하겠다. 그것은 진정한 의미의 성공이 아니다.

넷째, 보람과 자긍심을 가질 수 있어야 한다.

시대에 따라 공무원에 대한 인식과 평가가 일부 다르고 대형사건사고가 날 때마다 공직사회가 질책과 불신을 받기도 한다.

그러나 국가와 지방자치단체의 존립과 발전을 굳건하게 이어가고 있는 집단, 국민들에게 가장 공정하고 객관적인 공공서비스를 제공할 수 있는 집단은 누가 뭐라 해도 공무원조직이고 그 중심은 공무원이다.

이처럼 공직에서 느끼는 보람과 자긍심이야말로 자신이 맡았던 직무와 직위에 대하여 주관적 입장에서 자신이 스스로 자신에게 성공적이었음을 확인해 주는 것이기에 그 어느 평가요소보다 확실하고 값지다.

마치 인생을 마무리하는 사람이 자신의 인생을 되돌아보며 '그래, 참 열심히 살아 왔어. 그 정도면 성공적이었어!'라고 생각하는 것과 같다. 그것은 당연히 어떤 자리에 올랐느냐의 문제가 아니라 어떻게 살아왔느냐의 문제다.

위에서 언급한 네 가지 정도의 조건은 사실 너무 평범하고 실천이 그렇게 어렵지 않다. 그러나 너무 평범하여 어느 한순간 과욕이나 그릇된 생각으로 변할 수도 있기에 정도를 벗어나는 일이 없도록 가끔씩 자신을 되돌아보았으면 좋겠다.

또한 지금까지 이 책을 통해 서술한 여러 가지 단편적이고 실무적인 경험들은 성공적인 공직생활로 나아가기 위한 작은 사례와 방법들에 불과하다.

마땅히 이와 같이 가장 기본적인 네 가지 요소에 기초하여 각자의 공직가치관을 다시 한 번 짚어 보고 생각의 지평을 넓혀 나감으로써 공직에 입문한 모든 분들이 직무에 대한 보람과 성취로 성공적인 삶을 살아갔으면 한다.

글을 마치며

　많은 사람들이 아직 공무원이 어떤 부류의 사람들인지 잘 모릅니다. 평소 무관심하다가 자신의 일과 관련이 있거나 사건 사고가 있을 때 주로 공무원들을 떠올리고 평가합니다.

　그래서 공무원은 대개 무사안일하고 능력이 없고 때로는 범죄자이기도 합니다. 그러나 대다수의 공무원은 착하고 누가 알아주지 않더라도 열정과 사명감으로 자신을 꽉 채우고 살아갑니다.

　공직에 들어오면 자연히 그렇게 되는 것 같습니다. 말과 행동도 조심하고 많이 참습니다. 개인보다는 다수와 공공의 이익을 먼저 생각하는 것이 체질화되어 갑니다.

　저의 공직생활도 지금의 잣대로 보면 오래전 과거에 관행에 젖어 실수와 잘못도 많았기에 감히 성공이라고 말하지는 못하지만 지역사회 개발에 기여 하는 것이 당연한 의무라는 소박한 신념과 스스로 열심히 하고 있다는 착각이 늘 함께 하여 지치지 않는 열정을 간직해 나올 수 있었습니다.

　이런 변함없는 신념과 착각을 제게 안겨준 많은 분들께 감사드립니다.

90년대 중반 저를 기획담당에 배치하고 4년여 동안 군의 미래비전 구상과 실천을 위해 깊은 믿음을 주셨던 고 권순영 군수님과 2006년 이후 8년 동안 저에게 어렵고 힘든 부서만 전전하게 하여 늘 미안하다는 말씀을 달고 계셨던 이재근 군수님!

그 과도한 기대감이 많이 괴롭고 힘들었지만 오히려 행복했습니다.

그리고 제가 존경하며 따라 배운 열정 넘치던 선배님들! 지리산 청정골 산청의 미래를 더 힘차게 열어 가는 허기도 군수님과 오랜 기간 동고동락했던 산청군청 동료직원들! 경상남도청의 산청엑스포 파견 직원님들! 어려울 때마다 진심으로 기댈 수 있었던 친구들! 늘 따뜻한 마음을 나누고 있는 친목회 멤버들! 지리산관광개발조합의 동료들! 참으로 고맙습니다.

이 책을 내기까지 많은 도움을 주신 김현진 선배님! 그 외 일일이 다 열거하지 않아도 가슴에 담고 있는 많은 분들께 진심으로 감사드립니다.

아무쪼록 살기 좋은 지역사회를 만들어 가려는 공무원들의 열정과 집단적 꿈이 활성화 되어 주민들이 행복한 가운데 꿈 너머 꿈을 이어갈 수 있기를 소망해 봅니다.